JN033976

「社会」を扱う新たなモード

「障害の社会モデル」の使い方

［著］
飯野由里子
星加良司
西倉実季

はじめに

いまわたしたちが暮らしているこの社会は偏っている。その偏りは、この社会がマジョリティに合わせて作られていることによって生じているのであり、マイノリティが経験する不利や不便さ、生きづらさの原因になっている。これが、本書が根本的に依拠する現実認識である。障害学（Disability Studies）では「障害の社会モデル」と呼ばれる。

社会の中に存在するこうした偏りは、ある問題を「個人的／社会的」に扱うかどうかの決定に大きな影響を与えている。なぜなら、マジョリティに合わせて作られている社会では、何が「個人的／社会的」なのかを定義する権力はマジョリティの側に付与されているからである。もちろん、マジョリティの側は、自分がそうした特権をもっているという事実に無頓着であることができるし、むしろ自分は「公正」で「公平」な人間だと信じている。

しかし、この社会の現実を見てみると、すでに自分たちの都合に合わせた社会が出来上がっていることでマジョリティが直面せずに済んでいる問題、すなわちマイノリティのみが直面しがちな問題は、「個人的」な問題とみなされやすい、ということがわかる。このことは、「個人的」な問題と「社会的」な問題を分かつ絶対的な基準が存在しないことを示唆する。むしろ、両者を分かつ境界線は、マジョリティ－マイノリティ間に不均衡に配分された権力を通して恣意的に規定されている。

また、いまわたしたちが暮らしているこの社会では、「個人的な問題なのか、それとも社会的な問題なのか」という、問題の位相や質に関わる区分が、その問題への対処方法を規定することがある。たとえば、「個人的」な問題としてみなされた事柄は、基本的に個人（や家族等、周囲の人たち）の努力や負担で解決することが期待される。そして、それだけではどうにもならないという時だけ、特別に社会的な資源や支援が配分される。しかし、それらは十分とは言えない量であることが多く、しかも個人の尊厳と引き換えに配分されたりする。まるで施しのように。結果、マジョリティ－マイノリティ間に存在する不均衡な権力関係は維持・拡大される。

障害者が直面する日々の困難、不便さ、生きづらさをめぐっても、同様の構造を見ることができる。事実、障害のない人がマジョリティであるこの社会において、障害者が直面する問題は歴史的に、個々の心身機能によって生じる「個人的」な問題としてみなされてきた。結果、治療やリハビリテーション、特別な教育・訓練等により、障害者が社会に合わせることで問題を解決することが期待され、それが当然視されてきた。こうした考え方のアンチテーぜとして、近年、障害者が直面するさまざまな問題を「社会的」に取り組むべきものとみなす主張が国内外で浸透している。では、これまで「個人的」な問題として捉えられてきた障害を「社会的」な問題として扱うこうした主張はすべて、「社会モデル」と言えるのだろうか。

その答えは「否」である。本書は、「社会モデル」であるためには、障害を「社会的」なものとして扱うだけではなく、そうした営み自体が埋め込まれている権力関係にも注意を払う必要がある、と主張する。なぜなら、マジョリティ－マイノリティが直面しやすい問題を「社会的」なものとして扱おうとする時にも、マジョリティ－マイノリティ間の不均衡な権力関係は大きな影響を与え、マジョリティにとって有利にマイノリティにとって不利に働きがちだからである。

このため、これまで「個人的」とみなされてきた問題を「社会的」なものとして扱うだけでは不十分である。むしろ、「個人的」だとされてきた問題を「社会的」に扱おうとする只中において、「社会」の範囲をある時には小さく、別の時には大きく見積ることで、いまのこの社会の偏りを隠微かつ巧妙に維持しようとする権力関係の動きをとらえなければならない。それは、マイノリティが直面している問題を一見解決するかのように見える動きの中にもマジョリティ優位の権力関係が機能しており、その結果、問題解決の範囲を不当に狭めたり、問題解決に責任をもつべき主体をあいまいにしたりしていることを見抜き、ごまかされたり騙されたりしないための実践である。こうした実践は、多様性の包摂が国や地方自治体、企業の目標として掲げられ、マイノリティに対して一見「やさしく」「フレンドリー」な施策が登場している中、障害以外の領域においても重要となっている。本書では、そうした実践に必要となる思考の方法や形式を、「社会」を扱う新たなモードとして提案したい。

飯野由里子

「社会」を扱う新たなモード——「障害の社会モデル」の使い方

目次

第1部 「社会モデル」でみる現在

第1章

当事者研究と「社会モデル」の近くて遠い関係

西倉実季

第2章
「心のバリアフリー」は毒か薬か

飯野由里子・星加良司

第3章

性の権利は障害者の味方か？

飯野由里子

第4章

合理的配慮は「社会モデル」を保証するか

星加良司

第5章 社会的な問題としての「言えなさ」

飯野由里子

第6章

変えられる「社会」・変えたくない「社会」

西倉実季

終　章

「社会モデル」を使いこなす

飯野由里子

序章

「社会」の語り口を再考する

星加良司

1 「社会モデル」のいびつな普及

ここ一〇年余の間、日本でも「障害の社会モデル」という言葉の認知度はかなり上がった。少なくとも、障害者の社会参加を促進しようとする行政、運動、支援等の関係者の間で、この言葉は重要なキーワードとして広く知られるようになったと言っていいだろう。

ところが、その反面で、「社会モデル」の誤解・誤用に基づく混乱も生じてきたように思う。たとえば、二〇二一年に開催されたオリンピック・パラリンピック東京大会に向けた啓発活動の一部で、「社会モデル」の名の下に「思いやり」「優しさ」「助け合い」などを称揚するキャンペーンが展開された。また、「社会モデル」に立脚して障害者の権利保障のための法的枠組みとして導入された合理的配慮の運用の現場に、医学系・心理学系の専門家が大量に流入している。他方、支援や運動の現場で、「変わるべきは社会」というスローガンが限定的に解釈され、それに乗りづらい当事者の生きづらさを助長しているようにも見える。

こうした「社会モデル」をめぐる混沌とした状況については、その理論装置としての限界や賞味期限切れを指摘する議論がなされる一方（Shakespeare 2006, Degener 2017, 榊原 2016, 榊原編 2019）、それらを踏まえつつ、社会モデルの意義とポテンシャルを正当に評価し擁護しようとする議論も提示されてきた（Thomas 2007, 川越他編 2013）。

この論争には、なお探究すべき理論的な争点が幾つも残されている。ただし、本書で考えたいのは、そのことではない。理論的な道具立てとしての社会モデルの性能に限界があるか否かにかかわらず、私たちはまだそのポテンシャルを十分に理解し、開花させるに至っていないのではないか。むしろ、社会モデルの世俗的な普及に伴って今まさに生じている「副作用」は、社会モデルに関する不適切な——あるいは偏った——理解に由来している、というのが本書の見立てである。結論を先取り的に述べれば、社会モデルの本質である「障害発生の認識論」が軽視された結果、やや歪んだ社会モデルの用法が流布してしまっているのではないかと考えている。

もう少し噛み砕いて説明しよう。社会モデルについての一般的な理解として、たとえば次のような言い方がある。

「障害」は個人の心身機能の障害と社会的障壁の相互作用によって創り出されているものであり、社会的障壁を取り除くのは社会の責務である、という「障害の社会モデル」（ユニバーサルデザイン2020関係閣僚会議「ユニバーサルデザイン2020行動計画」、二〇一七年）

この社会モデルの説明を分解してみると、以下の三つの「社会」が混在していることが分かる。

①障害はどのようにして生じているか？
　↓「社会的障壁」（発生メカニズムの社会性）
②それを解消するために何ができるか？
　↓「社会的障壁を取り除く」（解消手段の社会性）
③解消の責任を負う主体は誰か？
　↓「社会の責務」（解消責任の社会帰属）

これら三つの位相についてそれぞれ「社会的」であることが、社会モデルの説明に含まれていることになる。では、三つの位相すべてにおいて「社会的」であることが社会モデルの必要条件なのか、あるいはそのいずれかにおいて「社会的」であれば十分なのか。この点については、明確なコンセンサスが得られていないばかりか、そもそもこうした観点からの整理が試みられてすらいないように思われる。表1は、三つの位相に関して「社会的」な理解と「個人的」な理解がありうることを踏まえ、それらの組み合わせによって生じる障害に関する八つの命題を整理したものである。

八つの命題の中には論理的に一貫せず意味をなさないものも含まれているが、A「障害者の困難は社会の問題であり、社会の側で解消できるのだから、社会が対処すべきだ」という命題が、社会モデルを表現していることや、H「障害者の困難は個人の問題であり、個人の側で解消できるのだから、個人が対処すべきだ」という理解が個人モデル／医学モデルであることについては、議論の余地はないだろう。

では、E「障害者の困難は個人の問題だが、社会の側で解消できるのだから、社会が対処すべきだ」という考え方や、G「障害者の困難は個人の問題であり、個人の側で解消できるが、社会が対処すべきだ」という考え方についてはどうか。「社会」が問題に対処すると言っているのだから、これもAと同様、社会モデルの言説として理解して何ら問題ない、と

表1　3つの「社会」と障害問題の捉え方

	①発生メカニズムの社会性	②解消手段の社会性	③解消責任の社会帰属	「障害」に関する命題
A	○	○	○	障害者の困難は社会の問題であり、社会の側で解消できるのだから、社会が対処すべきだ
B	○	○	×	障害者の困難は社会の問題であり、社会の側で解消できるが、個人が対処すべきだ
C	○	×	○	障害者の困難は社会の問題であり、個人の側で解消できるが、社会が対処すべきだ
D	○	×	×	障害者の困難は社会の問題だが、個人の側で解消できるのだから、個人が対処すべきだ
E	×	○	○	障害者の困難は個人の問題だが、社会の側で解消できるのだから、社会が対処すべきだ
F	×	○	×	障害者の困難は個人の問題であり、社会の側で解消できるが、個人が対処すべきだ
G	×	×	○	障害者の困難は個人の問題であり、個人の側で解消できるが、社会が対処すべきだ
H	×	×	×	障害者の困難は個人の問題であり、個人の側で解消できるのだから、個人が対処すべきだ

思う人が多いかもしれない。

実は、このように近年流布している「社会モデル」理解においては、②や③の位相の「社会性」のみが注目され、①の視点がほぼ無視される傾向が顕著になっている。つまり、②と③、あるいは③について「社会的」でありさえすれば、それは社会モデルの理解であるというわけだ。

こうした社会モデル理解が広まっていることは、この言葉がとりわけ政策や運動の文脈で注目され、使用されていることと無関係ではないだろう。これらの分野で障害問題を少しでも解決・改善しようとする思いを持つ人たちにとって、物事について「考える」（認識論）ことよりも、実際に世の中を「変える」（実践論）行動を優先することは当然のことだからだ。

社会モデルが、障害者の置かれている社会的位置を問題化し、その是正を図るという実践的な文脈から生まれたものであることを考えれば、このように①の認識論よりも②・③の実践論が重視されることは何ら問題がないと思われるかもしれない。にもかかわらず、我々は①こそが社会モデルの要諦であり、それを欠いた社会モデル理解は危険であると考えている。それはなぜか。次にその理由を説明しよう。

2 「社会／個人」をめぐる認識の政治

実は、認識論を重視する社会モデル理解は、社会モデルの提唱者であるM・オリバーをはじめ（Oliver 1996）、アカデミズムとしての障害学においてスタンダードな理解であると言ってよい[1]。

…「変わるべきは障害者ではなく社会である」という主張自体は、すでに日本においても一九七〇年代から主張され始め、一九八〇年代には共生やノーマライゼーション、あるいは「障害個性論」といった理念とともに広く普及していたからである。しかし、これら一九八〇年代以降の「新しい障害者福祉理念」と、障害学の社会モデルとが決定的に異なる点は、それらが援助実践における目標理念にすぎず、その前提となる「障害」とは何かという認識論的課題に踏み込んでいなかった点である。……「障害」をインペアメントという個人レベルでとらえるだけで、その社会的次元をとらえなければ、「障害者をありのままで受け入れる」ことの社会的責任が曖昧となり、結果的に受け入れ努力は努力目標に終わってしまう。（杉野 2007:116）

つまり、②・③の観点からは一見大差のないものに見えたとしても、①のあり方次第で実践が似て非なるものになってしまうことが問題とされたからこそ、新たな障害理解のパラダイムとして社会モデルが提起されたということなのだ。その意味で、①は社会モデルの中核的なアイディアであると言ってよい。

では、①の位相の認識論を軽視してしまうことで、どのような問題が生じるのか。言うまでもなく、第一義的な問題は、「個人（医学）モデル」的な理解を温存させてしまうことである。①の位相で個人モデルを温存させることは、障害者を――その機能障害ゆえに――本質的に劣った存在として認識し続けることを意味する。それは、障害者の直面する困難に対してどれだけ多くの社会的な資源と支援が提供されるようになったとしても、根源的に変わることはない。この意味で、障害者をスティグマ化する認識が転換されずに維持される限り、それは「社会モデル」の名に値しないのである。

その上で、認識論における個人モデルの温存は、実践論にも影を落とす。それはまず、実践の規範的妥当性を掘り崩す。障害者支援やバリアフリー化の取り組みが「個人的」問題への「社会的」対処である限り、その実践は「善意」や「恩恵」の色彩を帯び続けることになり、③の位相における「責任」は容易に空洞化する。加えて、そうした空虚な「責任」に駆動された実践においては、現状変革の動機付けや変革コストに対する許容性を調達することが難しく、それに応じて②の解消手段も限定的なものになりがちだ。このような意味で、認識論はまさに実践のあり方を強く規定することになる。[2]

もちろん、単に①の位相に着目すればよいというほど、話は単純ではない。①〜③を通して、何が「社会的」であるのかを語ること自体が「社会的」な営みであり、実はこの過程にこそ、「障害」問題の本質が潜んでいる。障害学の理論研究が明らかにしてきたのは、障害者の経験する困難とは、マジョリティである非障害者とマイノリティである障害者との間の「権力（power）」と「特権（privilege）」の非対称な配分によって生じる問題だということだ。マジョリティの側は、自分たちにとっての問題の解決を「社会」に期待することができるという意味で特権的な立場にあるが、実はその特権は、何が「社会」によって対処されるべき問題かを定義する権力をマジョリティの側が握っていることによって支えられている。他方、マイノリティの側は、そうした権力を持たないがゆえに、自分たちの問題を「社会」によって対処されることなく放置され、排除されてきた。障害問題とは、心身機能の優劣の問題ではなく、こうした権力と特権の不均衡な配置の問題だと主張することが、社会モデル提起の狙いだったのである。

このことを踏まえれば、①〜③の各位相において何が、どのような意味で「社会的」と見なされているのか／いないのかを見極め、その線引きの過小性や過剰性について批判的に検討することが重要になる。短期的に解決可能な障壁のみを「社会的」と捉えるような「過小」な線引きがなされれば、社会モデルは「エレベーター設置の切り札」(星加 2013: 25) 程度の意味しか持たなくなる。一方、障害者が街中で手助けを受けたときに笑顔で感謝を伝えられないことを「教育」の不足として「社会的」に対処すべき問題と捉えるような「過剰」な線引きがなされれば、社会モデルはパターナリズムの温床に堕してしまうかもしれない。このように、「社会／個人」の境界をめぐっては常に恣意性――そしてその背後にある権力性――が入り込む余地があることに注意を払い、それが誰に対して、どのような効果を及ぼすことになるのかについてセンシティブであることが必要なのである。

ここで指摘した論点は、従来フェミニズムが、「公／私」が二元論的なカテゴリーとして構築されてきたことのみならず、その「公／私」の区分における恣意性が権力の源泉と結びついてきたことをも批判対象としてきたことと重なる。我々はこうした議論との接続も視野におさめつつ、今の社会で流通する「社会モデル」的な諸言説が、それぞれの文脈においてどのような力学の影響下にあり、どのように機能しているのかについて、詳細に検討してみることが必要だと考えている。

3　本書の構成と射程

本書では、こうした問題意識を踏まえて、現在日本で起こっている社会モデルの誤解・誤用の問題を、具体的なトピックに即して論じてみたい。まず第1部では、一般に社会モデルと親和的だと考えられている障害分野の幾つかの言説を取り上げ、その中に潜む混乱や誤解等の問題を明らかにする。第1章では、精神障害の臨床現場を起点として広がりつつある「当事者研究」の実践に着目し、認識論における「社会／個人」の線引きのあり方が実践の様態に与える規定力の大きさについて考える。第2章では、オリンピック・パラリンピック2020東京大会を契機として推進された「心のバリアフリー」の取り組みに焦点を当て、認識論と実践論とのアンビバレントな関係について分析する。第3章では、障害とセクシュアリティの権利をめぐる言説を分析することを通じて、認識論・実践論双方を支配する重層的なマジョリティ性の力に注意を喚起する。

続く第2部では、近年の障害権利法制の整備における画期的な成果である反面、一部で社会的な軋轢の火種ともなりつつある「合理的配慮」の実装に特に焦点を当て、複数の切り口から分析を試みる。本書の著者たちは、合理的配慮の法制化に合わせて、その実践的・理論的な重要性を評価する立場から書籍を出版し（川島他 2016）、その普及・定着のための啓発活動等を実践してもいるが、本書ではむしろそうした実践にまつわる問題点や限界に着目している。第4章では、合理的配慮の制度化がもたらす意図せざる効果として、「個人的」に問題を捉える解釈枠組みへの逆流が生じる危険性について論じる。第5章では、合理的配慮の提供プロセスにおける意思表明の局面に焦点を当て、「社会的」なアプローチが狭隘なものに限定されることの問題性を指摘する。第6章では、合理的配慮の手段が持つ性質の違いに着目し、「社会的」なアプローチの拡大を阻もうとする力の正体を分析する。

これら各部・各章の議論を通じて、社会モデルの言説がその本来のポテンシャルに見合った形で適切に普及・定着することに寄与するとともに、社会モデルの理論的深化を図ることが、本書の第一義的な目的である。

一方で、本書が社会モデルについて主題化しようとしている論点は、任意の問題を「社会的」に語ろうとする際に陥りがちな普遍的な課題でもある。ある事態を「問題」であると感じ、その解消を願う人たちにとって、そのテーマが「社会的」に扱われることはさしあたり望ましいことだ。とりわけ、昨今のように様々な「問題」の個人化が進行し、「リベラル派」の居場所が窮屈になっている状況下では、僅かでも「社会的」な色彩を帯びた言説や実践には好意的に反応したくなるのも無理からぬことだ。しかし、本書の見立てが正しければ、そこには危うさがある。本来「社会的」に思考しなければならないポイントがどこなのかを問うことなく「社会的」であることに飛びつくことは、思いもよらない副作用を引き寄せることにつながるかもしれない。そうした意味で、「社会」を語る適切なモードを手に入れることは、複雑化する現代社会に生きる我々にとって不可欠な作法かもしれないのだ。

■注

1 もちろんそのように考えない論者もいる。たとえば、立岩は、「社会モデルの主張が意味のある主張であるのは、それがその人が被っている不便や不利益の『原因』をその人にでなく社会に求めたから、ではない」（立岩 2018: 53）と述べ、認識論を強調することに批判的な立場を採っている。

2 「…ある事態（あるいはその不在）については無数の原因・要因があるとも言える。その中で原因として私たちがあげるのは、多く、作ったり消したり変えたりできる要因であり、その意味で、原因（の認識）と手段とは関連しあっている」（立岩 2018: 46）という言明は、このことを逆の経路で述べている。

■文献

Degener, T. 2017 "A New Human Rights Model of Disability," in Della Fina V., Cera R. & Palmisano G. eds, *The United Nations Convention on the Rights of Persons with Disabilities*, Springer.

星加良司 2007『障害とは何か――ディスアビリティの社会理論に向けて』生活書院

―――― 2013「社会モデルの分岐点――実践性は諸刃の剣？」川越敏司他編『障害学のリハビリテーション』生活書院

川越敏司・川島聡・星加良司編 2013『障害学のリハビリテーション――社会モデルその射程と限界』生活書院

川島聡・飯野由里子・西倉実季・星加良司 2016『合理的配慮――対話を開く、対話が拓く』有斐閣

Oliver, M. 1996 *Understanding Disability: From Theory to Practice*, Macmillan.

榊原賢二郎 2016『社会的包摂と身体――障害者差別禁止法制後の障害定義と異別処遇を巡って』生活書院

榊原賢二郎編 2019『障害社会学という視座――社会モデルから社会学的反省へ』新曜社

Shakespeare, T. 2006 *Disability Rights and Wrongs*, Routledge.

杉野昭博 2007『障害学――理論形成と射程』東京大学出版会

立岩真也 2018『不如意の身体――病障害とある社会』青土社

Thomas, C. 2007 *Sociologies of Disability and Illness*, Palgrave Macmillan.

第1部　「社会モデル」でみる現在

第1章 当事者研究と「社会モデル」の近くて遠い関係

西倉実季

1 当事者研究の展開

当事者研究とは、二〇〇一年に北海道の「浦河べてるの家」で始まった活動である。べてる式の当事者研究は、精神障害を持つ当事者自身が自分の抱える問題を発表し、他のメンバーを交えた議論を通じて、問題が起こる仕組みやその対処法について研究するというものである。「自分自身で、共に」（向谷地 2005: 5）というキャッチフレーズが端的に示すように、当事者研究は自分自身について仲間とともに研究する共同行為である。[1]

従来の精神障害領域には専門家と患者という二つの役割が存在し、患者は困難を抱え、それを解決してほしいと望んでおり、一方の専門家はその困難についての知識と解決方法を独占しているという関係性が固定化していた。これに対してべてるの家の当事者研究は、自分の身に起きている困難の仕組みやその対処法を仲間の手を借りながら探り当て、専門家もそれを側面からサポートするという新しい関係性をつくり上げた。

誕生からおよそ二〇年が経過し、当事者研究はべてるの家の活動を代表するものになったと同時に、発達障害、依存症、摂食障害、吃音など、精神障害以外の分野にも急速に広がった。のみならず、現在では障害や病気の有無を超えて、その担い手はさらに拡大している（熊谷 2019; 2020, 熊谷編 2017; 熊谷責任編集 2018; 2019）。

当事者研究のこうした展開のなかで、べてる式とは異なる独自の進展を遂げたものとして、綾屋紗月と熊谷晋一郎の共著『発達障害当事者研究——ゆっくりていねいにつながりたい』（医学書院、二〇〇八年）がある。綾屋は、自分がアスペルガー症候群に当てはまると知ったとき「やっと答えを見つけた」と思えた一方で、「コミュニケーション障害」という自閉の定義にははっきりと違和感を覚えたという。なぜなら、自分と他者がすれ違うとき、どちらか片方にだけ原因を求めるのは「フェア」ではないからである。そこで綾屋がめざしたのは、「コミュニケーション障害なるもの」を最初から前提とするのではなく、「まず私自身の体験を可能な限り詳細に記述する」こと、それにとどまらず「自閉とは何かという問いに、オリジナルな説を与えること」であった（綾屋・熊谷 2008: 3-4）。熊谷が綾屋の体験を聞き、それをもとに問いかけ、「二人で緻密に対話を重ねて」(p.191) 生まれたのがこの本である。石原によれば、綾屋と熊谷による当事者研究は、体験の記述のみならず理論化までを志向する点、体験を共有する仲間とともに研究する営みであると同時に、それを共有しない者に向けて語る営みでもある点で[2]、「当事者研究の新たな展開の可能性を切り開くもの」(石原 2013: 45) である。

本章で試みたいのは、当事者研究のメインアクターである熊谷と綾屋の議論に着目し、当事者研究とそこから派生したソーシャル・マジョリティ(社会的多数派)研究において社会モデルがどのように理解されているかを検討することである。なぜ熊谷と綾屋の議論を俎上に載せるかといえば、ひとつは、かれらが社会モデルと明確に関係づけながら当事者研究およびソーシャル・マジョリティ研究の目的や意義について語っているためである。もうひとつは、二人が現在の障害研究において多大な影響力を持つ論者であることを考慮すると、もしかれらの議論に社会モデルの誤解や矮小化が含まれるとするならば、それは見過ごしてよい事態ではないためである。

以下ではまず、熊谷の当事者研究に関する議論と綾屋のソーシャル・マジョリティ研究に関する議論を取り上げ、そこで前提とされている社会モデルがどのようなものであるかを確認する(第2節)。次に、ソーシャル・マジョリティ研究に焦点を当て、その前提に含まれるいくつかの危うさについて考察する(第3節・第4節)。最後に、熊谷と綾屋の社会モデル理解における問題点を一般的な社会モデル理解にも共通するものとして位置づけ、社会モデルにもとづく障害研究の今後の課題について指摘する（第5節）。

2　熊谷と綾屋の「社会モデル」理解

（1）熊谷による当事者研究に関する議論

脳性まひ者である熊谷にとって、社会モデルは「生き延びるための思想」であった。「身体の個性を受けとめてくれない社会環境のデザインに問題があるのだ」という社会モデルの考え方に出会ったことで、自分の身体は悪くなかったのだと自身の発想を根本から転換することができたためである。しかし熊谷によれば、「社会モデルの考え方だけでは十分にすくい上げられない当事者」がおり、その存在こそが当事者研究が生まれるための前提条件である（熊谷 2015: 86）。

どういうことか詳しくみていこう。社会モデルとこの考え方に牽引されてきた障害者運動は、「私のことを勝手に決めないで」、「意思決定することこそが自立である」という主張を展開してきた。熊谷によれば、これらの主張が前提としているのは、インペアメントの状態が安定しており、自分の身体や生活への見通しが立ちやすい障害者である。これに対して、インペアメントの状態が変動しやすい障害者は、たとえ一日の間でさえ自分の身体がどうなるのか予測がつかず、それと連動して意思決定も困難となる。[3] また、精神障害や発達障害の当事者など、困りごとを言葉にできず、自分のニーズを主張しようにもその手立てがないという人々も存在する。このように、「意思決定することこそが自立である」という考え方はそもそも意思決定の基盤となるものが不確かな人々や困りごとを表現する言葉自体を持たない人々、すなわち「自分の障害の特徴やニーズを記述（可視化）」（熊谷 2020: 20）することのできない当事者を置き去りにしてしまっている。[4] そうした人々の「自己決定や社会運動を水面下でサポートするために生まれたのが『当事者研究』」（熊谷 2015: 87）なのである。

熊谷によれば、当事者研究と当事者運動（を牽引してきた社会モデル）はその射程に収める障害当事者の経験だけでなく、依拠するパラダイムも異なる。当事者運動が社会環境を変えようとする「Changing paradigm」であるのに対して、当事者研究は「『変える』の手前にある『知る』」、そして「知ったことを共有する」をめざす「Knowing & Sharing paradigm」である。ただし、熊谷が強調するのは、知ることと変えることは「相互に循環」する関係にあるという点だ。とにかく変えようとするだけでは知ることがないがしろになるし、知るだけで満足していては変えることに到達しない。そのため、「相互に補完し合って世の中をバリアフリーにしていくこと」が重要となる（熊谷 2015: 87-88）。

当事者研究と当事者運動をこう区別していた熊谷であるが、この二年後に出版された『みんなの当事者研究』収録の國分功一郎との対談においては、次のように述べている。

当初私は、「当事者研究」と「当事者運動」は補完的な関係にあって、「知ること」と「変えること」は両輪として循環しなくてはならないと整理していました。当事者研究だけでは、社会への過剰適応と際限のない自己反省に陥ってしまうのではないかという、私自身がもっていた当事者研究への過小評価が影響していたように思います。この認識に変化が生まれたのは、自分の認識以上に「当事者研究」には「当事者運動」の要素が含まれていると、最近になって気づいたからです（熊谷・國分 2017: 19)。

「『当事者研究』には『当事者運動』の要素が含まれている」の含意は、当事者研究はそれを「聞く側」の認識を変容させる点で「社会変革」であるということだ。熊谷によれば、当事者研究によって認識が変容するのは、実は「研究している人」ではなく「研究成果を聞いている人」の方である。研究している人からすると、「環境側」が変化するのである。障害者にとって、道路の段差などの物理的なものに限らず多数派が共有している言語や知識、価値観なども障壁として立ち塞がっていることを考慮すれば、当事者研究を通してそうした集合知が更新されていくことは「当事者主権的な運動」であり「社会変革そのものではないか」と熊谷は述べる（熊谷・國分 2017: 20）。

当事者研究と当事者運動を差別化していたときの熊谷の理解において、両者を弁別する基準は社会モデルに依拠しているかどうかであった。つまり、当事者運動は社会モデルにもとづいているが当事者研究はそうではないから両者は違うもの、というわけである。弁別基準が社会モデルに依拠しているか否かであったならば、当事者研究と当事者運動に同じ要素が含まれているという新たな認識が生まれたのに連動して、熊谷の社会モデル理解が変化した可能性も考えられる。しかし、変化したのはあくまで当事者研究の効果に対する評価であって、社会モデルの理解ではないようである。個人の内外を峻別したうえで、外側（＝「環境側」）に問題の所在を求め、「当事者主権的な運動」を通じてそれを「変革」していくのが社会モデルであるという理解は依然変わっていないためである。

熊谷がインタビューや講演等で社会モデルの考え方を説明するにあたって多用するフレーズのひとつに、「障害とは皮膚の内側にあるものではない、皮膚の外側にあるものなのだ」がある。[5] 熊谷はこのように、社会モデルにおける「社会」を個人の外側にある「社会環境」とみなしているが、この理解は問題含みである。たしかに社会モデルは個人の内外を分ける志向性を有するが、それは「皮膚の内外」の区別を意味しない。詳しくは後述するように、社会モデルは個人が内面化した――熊谷の表現を借りれば「皮膚の内側」に取り込んだ――価値観や規範を含めて「社会」ととらえるはずだからである。もちろん、聞き手にとってのわかりやすさを優先して「皮膚の内外」といった説明を用いているのかもしれないが、こうした社会モデル理解が人口に膾炙した場合、社会モデルが扱いうる「社会」の範囲は縮小しかねない。[6]

(2) 綾屋によるソーシャル・マジョリティ研究に関する議論

個人と社会の峻別がさらに危ういものとして展開されているのが、綾屋によるソーシャル・マジョリティ研究に関する議論である。綾屋によれば、社会モデルとは「障害は個人の中にあるのではなく、多数派のつくった社会と少数派の身体特性のあいだに生じるのだ」とする考え方である。社会モデルは、障害の概念を「標準からはずれた少数派の身体特性」と、そうした「少数派の身体特性をもった身体が多数派の社会にかかわったときに起きる障壁」との二段階に分ける。聴覚障害の場合であれば、「聞こえづらい身体」は第一段階、「聞こえづらいので会話に入れない」は第二段階の障害に該当する。この区別によって、「少数派の身体特性に障害があるのではなく、多数派の社会との『あいだ』に障害があるのだから、社会のほうが変われば消失する障害もあるのだ」と主張することが可能になる。身体特性を尊重しつつ社会の変化を促すうえでも、障害を二段階に分けてとらえることは重要である。以上が綾屋による社会モデル理解である（綾屋 2018: 6-7）。

綾屋によると、自閉スペクトラム症に対する「コミュニケーション／社会性の障害」という診断においては、社会モデルのこうした考え方が欠落している。社会モデルに依拠すれば、少数派の身体特性と多数派の社会との「あいだ」に生じている現象であるはずの「コミュニケーション障害」が、あたかも本人の身体特性であるかのように把握されているのである。身体障害の人々は多数派とは違う身体特性を持っていることが明白で、だからこそ第一段階の身体特性を殊更主張せずとも社会モデルを採用しやすかった。これに対して、発達障害の人々の身体特性は自他ともにとらえがたく、言語化も難題であるため、二段階に分けた障害の把握が困難なのではないか。このような見立てのもと、綾屋は「発達障害とされる私たちにとっていま必要なこと」として次の二つを指摘している（綾屋 2018: 8-12; 2016: 166-167）。

ひとつは、当事者研究によって自分たちの身体特性を研究し、言語化していくことである。コミュニケーション以前の「第一段階の身体特性」が明確になれば、身体障害の人々と同様に「コミュニケーション／社会性の障害」を第二段階の障害と位置づけることが可能になる。聴力があるのに聴覚的情報がとりづらいため（第一段階）、多数派の会話のやり取りにおいて困難が生じる（第二段階）というとらえ直しができるのである。このように、障害を二段階に切り分けることは具体的な対処方法の検討につながり、本人の身体特性が変わらなくても「コミュニケーション障害」を緩和することが可能になる。

もうひとつは、「多数派の身体特性をもった者同士が、無自覚につくりあげている相互作用のパターン」を探究するソーシャル・マジョリティ（社会的多数派）研究を通じて「私たちを排除した多数派社会のルールやしくみは、そもそもどのようになっているのか」について知識を得ることである。それによって、自分に生じた問題のすべてを身体特性に帰することなく「社会の問題は社会に返す」ことが可能になる。

これらを受けて、当事者研究とソーシャル・マジョリティ研究との関係を整理しつつ、綾屋は以下のように主張する。やや長くなるが、綾屋の主張の骨子が示されている箇所なので、図も含めて引用する。

> このように、「どこまでが個人的に変化可能で責任を引き受けられる範囲で、どこからが社会の問題として変化を求めるべき課題なのか」を公平に切り分けるためには、「当事者研究」と「ソーシャル・マジョリティ研究」という二つのアプローチを両輪とする必要があるだろうと、私は考えています（中略）。「ソーシャル・マジョリティ研究」によって多数派社会のルールやしくみを知り、個人と社会の問題を切り分けることをめざし、「当事者研究」によっ

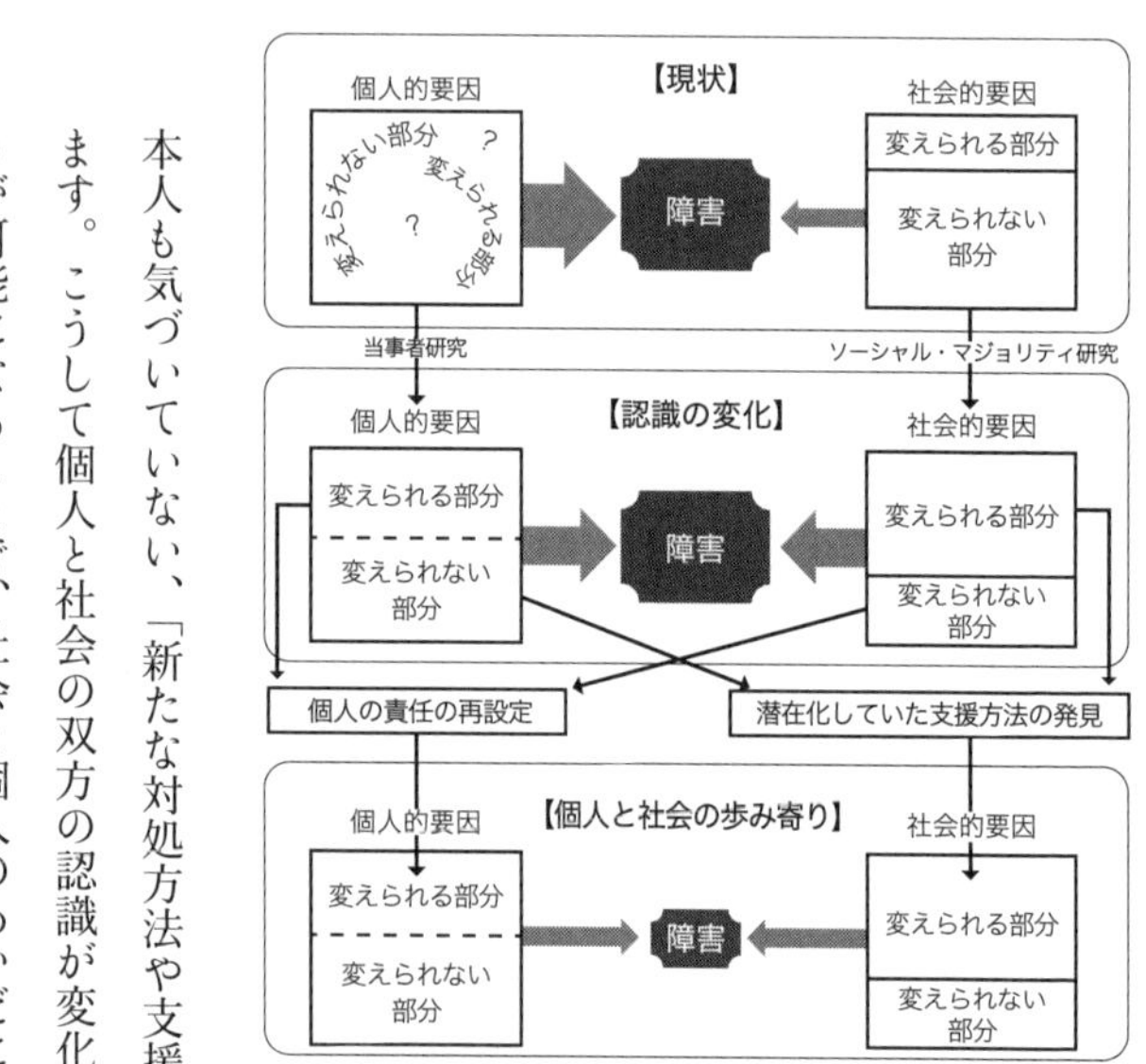

図６　社会と個人のあいだに生じる「障害」を小さくする当事者研究とソーシャル・マジョリティ研究
出典：綾屋（2018）p.12

て個人の変えられる部分と変えられない部分を切り分けていくことをめざす、という二つの作業を通して、「個人の変えられる部分」と「社会の変えられない部分」のすりあわせからは、「個人が引き受けられる／引き受けるべき責任について再設定すること」が可能になり、また「個人の変えられない部分」と「社会の変えられる部分」とのすりあわせからは、もしかしたらまだ本人も気づいていない、「新たな対処方法や支援方法を発見すること」が可能になると思われます。こうして個人と社会の双方の認識が変化し、お互いに対して無理強いをしない歩み寄りが可能になることで、社会と個人のあいだに生じる「障害」が、だんだん小さくなっていくのではないかと、私は期待しています【図６】（綾屋 2018: 10-11）。

社会モデルの用語に置き換えるならば、綾屋の言う「標準からはずれた少数派の身体特性」が意味するのはインペアメントであろう。一方、第二段階の障害が何を指しているのかは明瞭ではないのだが、「少数派の身体特性をもった身体が多数派の社会にかかわったときに起きる」のであって、「多数派のつくった社会と少数派の身体特性のあいだに生じる」という説明に注目する限り、個人の身体特性と社会環境との不適合によって生じる不具合を意味していると考えられる。つまり綾屋の言う社会モデルとは、「聴力があるのに聴覚的情報がとりづらい」といった身体特性と、騒がしい場所や複数の人が次々に発言する状況といった社会環境とが適合せず、「多数派の会話のやり取りにおいて困難が生じる」といった不具合が発生するという考え方である。別の論文での「障害学における社会モデルの考え方では、個体側に帰属しうる比較的永続的な特徴である impairment と、多数派の個体的特徴に合わせてデザインされた人為的環境（制度や道具、規範など）と impairment との間に生じる齟齬である disability を区別する」（熊谷・綾屋 2014: 4）、「個人と社会とのミスマッチによって『障害（disability）』は生じる」（p.8）などの記述からも、このように要約して差し支えないだろう。

綾屋の社会モデル理解において特徴的なのは、社会とは独立したものとして身体が措定されている点である。それはたとえば、「コミュニケーションの手前にある、『Aさんの第一段階の身体特性』」（綾屋 2018: 8, 傍点は引用者による）、「Inter-personal な対人関係の次元で生じる困難以前の、一人でいるときのモノの見え方、綾屋の身体における感じ取りかた（ママ）などのレベル」（熊谷・綾屋 2014: 8, 傍点は引用者による）といった身体のとらえ方からも明らかである。

このように、熊谷と綾屋の社会モデル理解に共通するのは、個人の身体と社会を素朴に二分したうえで、それらを相互に独立したものとして把握している点である。こうして二分された個人の身体と社会が障害の発生原因として同じ重みづけを与えられている点は、綾屋の議論に顕著であり、熊谷の議論にも確認できる。

3 身体と社会の無造作な二分法

川島によれば、障害者の不利の原因をインペアメントに還元する障害の医学モデルでもなく、社会的障壁に還元する英国社会モデルでもなく、インペアメントと社会的障壁との関係性に求める「相互作用的な理解」が今日主流になりつつある[7]（川島 2017: 88 注8）。ただし、こうした「相互作用的な理解」には、国際生活機能分類（ＩＣＦ）の統合モデルのようにインペアメントと社会的障壁の「両方の問題性をひとしく重視するタイプ」と、米国社会モデルのように「社会的障壁の問題性を特に強調するタイプ」がある。米国社会モデルにおいて、インペアメントと社会的障壁との「相互作用（interaction）」という表現が用いられてはいるが、そもそも社会モデルは障害者の不利の原因をインペアメントに還元する医学モデルに対抗するものとして登場したため、社会的障壁の問題性の方を強調する。これに対して統合モデルは、「個人と社会の両方を平板に並べ、どちらにも障害の原因があるとする相対的な見方」（川島 2013: 102）である。外形的には米国社会モデルと同じであるが、医学モデルへのアンチテーゼであるという本質は共有していない。

障害は個人の身体特性と「多数派のつくった社会」との「あいだ」に生じるとする綾屋の社会モデル理解は、川島の言う「相互作用的な理解」として位置づけうる。そして、障害の発生原因として個人の身体特性と社会環境を等しく扱っている点は、まさしく「個人と社会の両方を平板に並べ、どちらにも障害の原因があるとする相対的な見方」に他ならない。障害がどのように発生しているかを現実に照らして考えた場合、社会的要因が圧倒的に大きいにもかかわらず、個人の身体特性と社会環境を並列したうえで両者を形式上「等しく扱う」ことは、実質的にはインペアメントを重視することを意味してしまう。これでは、障害の発生原因として社会的障壁の問題性を重視する社会モデルの発想とは乖離しており、必然的に、序章で整理した三つの「社会」のうち、①発生メカニズムの社会性を満たしているかは疑問である。

このように、綾屋の言う社会モデルがＩＣＦと酷似してしまう背景には、身体と社会の素朴な切り分けがある。これに対して、社会モデルにおける身体は社会から切り離されたものではけっしてない。たとえば社会モデルの提唱者であるM・オリバーが析出したのは、近代資本主義社会が就労可能性による人々の分類と「労働する身体」の統制・管理を要請し、医学という専門知がその役割を担うことで、インペアメントという概念が生み出されたマクロな社会過程であった（Oliver 1990=2006）。たしかに社会モデルは個人の身体と社会とを分析的に区別するが、インペアメントが社会的・歴史的産物であることは、社会モデルの創成期からの前提なのである。

星加（2007）によるミクロな相互作用過程におけるインペアメントの発生に関する議論もまた、身体と社会とがいかに密接不可分であるかを明らかにしている。星加によれば、たとえば「聞こえづらい」といった状態のように、それぞれの個人の身体には一定の機能や形態がある。ただし、それらが互いの差異として認知されるのは、複数の個人が持つ機能や形態が比較されることを通してである。つまり「聞こえづらい」という機能に関わる特徴は個人に内在するのではなく、あくまで他者との関係性のなかで成立するのである。このようにして認知された差異に対して否定的な価値づけがなされるとき、「聞こえづらい」といった機能に関わる差異はもはや単なる差異ではありえず、インペアメントとして社会的に認知されうる差異となる（星加 2007: 214-218）。

綾屋が身体と社会との切断を必要としたのは、コミュニケーションにおける齟齬や摩擦といった相互作用次元の問題が、「コミュニケーション障害」という概念で個人の問題へとすり替えられてきたためである。こうしたアンフェアな概念と距離を置き、「障害の発生過程を社会的要因と個人的要因にフェアに切り分ける」（熊谷・綾屋 2014: 8）ために、「コミュニケーションの手前にある」「対人関係の次元で生じる困難以前の」身体特性を探究することが不可欠なのであった。その意図は十分理解できるが、身体と社会を無造作に切り分けたうえで両者を障害の発生原因として等しく扱う社会モデル理解は、重大な副作用を引き起こしうる。というのは、こうした理解がソーシャル・マジョリティ研究における危うい線引きをもたらしており、それが結果的に障害当事者をより不利な状況に置きかねないためである。以下では、ソーシャル・マジョリティ研究における（1）個人／社会、（2）可変／不可変、（3）帰責／免責という三つの線引きの問題について検討する。

4　ソーシャル・マジョリティ研究における危うい線引き

（1）個人／社会の線引き

綾屋のソーシャル・マジョリティ研究に関する議論では、個人と社会がそれぞれ独立した固定的なものとしてとらえられている。しかし、社会は構成員の日常実践によって構築されているものであり、同時に構成員は構築された規範や価値観を取り込んで日常生活を送っている。このように個人と社会が互いに規定し合っていることは、社会学のごく基本的な前提である。たとえばP・L・バーガーとT・ルックマンは、個人と社会との関係を外化、客観化、内在化という三つの契機からなる「不断の弁証法的過程」(Berger & Luckmann 1966=2003: 196)として把握した。社会は人間の活動によって創造されるが(外化)、もともとは人間がつくり出した制度であっても、ひとたび出来上がるともはや容易には変革しえない所与のものとして経験される(客観化)。そして人間は、このような所与の制度に従って活動せざるをえない存在であり(内在化)、そうした活動を通じて社会をつくり上げる(外化)。つまり、個人と社会は相互に浸透し参照し合う循環的関係にあり、それぞれが独立して固定的に存在しているのではない。

個人と社会のこうした関係のうち、障害者においてとりわけ重要なのが、自らを否定的に価値づける規範の内在化である。G・H・ミードのシンボリック相互作用論を援用した星加(2007)によると、障害者は社会に流通する支配的な規範と重要な他者や一般化された他者の態度を内在化し、自らの身体的特徴やそれに付随する行動様式について羞恥心や劣等感を抱くようになる。つまり、障害者は役割取得の過程で他者のまなざしを自分のものとすることを通して否定的な感情やアイデンティティを形成するのであり、それらは社会と独立して存在するわけではない。

個人と社会との循環的関係を踏まえると、障害者運動の歴史が、外的な抑圧や差別だけでなく、障害者自身の自己規定と対決せねばならなかった理由が明らかになるだろう。たとえば一九七〇年代の「青い芝の会」が問題にしたのは、健常者の、そして障害者自身の優生思想的な価値観や心性であった（横塚 2007, 横田 2015）。「障害者として生きるよりも健全者として生きる方がよい」といった「健全者のエゴイズム」は、健全者によってのみならず、障害者自身の「内なる健全者幻想」によっても支えられているためである。だから「青い芝の会」の運動は、社会に対する告発や問題提起であると同時に、自らに身体化された「内なる健全者幻想」の払拭を試みる闘いでもあった。

M・デメッロによれば、「身体化（embodiment）」（DeMello 2014=2017: 5）とは、規範や価値観、習慣などの「社会」が社会的・文化的実践を通じてその構成員の身体に刻印され、また構成員の側もそうした身体を通じて世界を経験していく過程を意味する。個人と社会はこうした過程を介して分かちがたく結びついており、一方のありようが他方に影響を与えることは免れない。とするならば、個人と社会を無造作に切り分け、前者については当事者研究、後者についてはソーシャル・マジョリティ研究というように割り振ってしまっては、両者の緊密な様相を取り逃がすことになる。

（2）可変／不可変の線引き

もちろん、綾屋にとって個人と社会が循環的関係にあることは織り込み済みであり、あくまで便宜的に区別しているのかもしれない。しかし、個人と社会それぞれの「変えられる部分」と「変えられない部分」なるものを設定し、個人と社会の「歩み寄り」を促進しようとするとき、たとえ便宜的な区分であったとしても、それは深刻な弊害を生む。

綾屋によれば、個人と社会の両方に可変の部分があり、それらを踏まえることで「一方にのみ無理を強い過ぎない歩み寄り」（熊谷・綾屋 2014: 8）が可能になる。「一方にのみ無理を強い過ぎない」という表現には、本来は個人の身体特性と社会環境とのミスマッチから生じているはずの不具合の原因が、発達障害当事者にのみ一方的に帰せられてきたことへの強い問題意識が表われている。当事者が「うまくいかないのはすべて発達障害のせいだ」という認識に陥らないために、「コミュニケーション障害」の発生原因を社会にも割り当て、社会の側にも「変えられる部分」、すなわち「私たちを排除した多数派社会のルールやしくみ」が存在することを主張する必要があったのだろう。

個人と社会の可変／不可変の部分の「すりあわせ」や個人と社会の「歩み寄り」という主張は、いっけんバランス感覚に優れており、現実に根差した障害の解消方法を提唱しているように見える。しかし、ここで看過されているのは、現に存在している社会構造の不均衡や、マジョリティである非障害者とマイノリティである障害者との間の権力の非対称性である。

この社会は、歴史的に非障害者のニーズのみを考慮し、障害者のニーズを軽視・無視してかれらの不利を生み出しながら発展を遂げてきた。この意味で、現行の社会は大きな偏りを内在させているが、非障害者にとっては自らの利益に適っているから是正する必要を感じないし、むしろ是正したくない（第6章）。こうした社会状況において個人と社会の「歩み寄り」を促進しようとした場合、個人の可変の部分を広く、社会の可変の部分を狭く解釈するような力学が働くことは想像に難くない。個人が最大限できることをやったうえで、それでも「変えられない部分」が残るのであれば、それについては「社会に返す」ことを許容するというように、障害の解消のための第一義的な場所として個人が措定され、社会は不問に付されるのである。つまり、個人と社会の可変／不可変という線引き自体が既存の権力関係に規定されているため、こうした権力関係が問題化されない限り、「歩み寄り」は障害者の側が現行の社会に適合しなければならないという主張へと容易に転化していく可能性がある。

綾屋の主張はこのように、その意図とは別に、マジョリティに都合よく解釈される危険性を含んでいる。「お互いに対して無理強いをしない歩み寄り」は、マジョリティにとっては自省を迫られることがないという意味で心地よいものであり、結果的にマジョリティの現状追認的な態度を許してしまうことになりうる。

綾屋が個人と社会の可変／不可変の部分を等しく扱ってしまうのは、社会モデル理解のまずさゆえである。個人の身体特性と社会環境を平板に並べてどちらにも障害の原因を求めるような見方は、現に存在している社会構造の不均衡や非障害者と障害者の間の権力の非対称性を把握し損ねるのである。これに対して本書の言う社会モデルは、そうした社会構造や権力関係そのものを対象化する視点であり、個人と社会の可変／不可変の線引きにマジョリティである非障害者の価値判断や利害が入り込んでいることをあぶり出す。この視点に立てば、マイノリティである障害者にとっての「変えられない」は自分たちに不利を強いてきた社会構造に対する切実な異議申し立てであり、そうした社会構造のなかで恩恵を受けてきたマジョリティの「変えられない」という開き直りとはまったく意味が異なる。

同じように障害者／非障害者の二分法を用いるにしても、（障害者）個人／（障害者を取り巻く）社会という立論とマイノリティ／マジョリティという立論とでは、権力関係に対する認識は大きく異なる。綾屋のような個人／社会の素朴な二分法では、障害者と非障害者との権力関係が覆い隠されてしまう。ソーシャル・マジョリティ研究と名乗ってはいるが、そこでの「マジョリティ」は単に数の多さを意味しており、ある社会のマジョリティが持つ特権に十分な注意が払われていないのである。せっかく「マジョリティ」の用語を採用しているのだから、権力性の問題にもっと自覚的であってよいはずだ。

（3）帰責／免責の線引き

以上二つの線引き以上に危険なのが、「どこまでが個人的に変化可能で責任を引き受けられる範囲で、どこからが社会の問題として変化を求めるべき課題なのか」というように、可変／不可変の次元と帰責／免責の次元が無媒介に接続されている点である。

まず単純な問題として、事実（可変／不可変）と規範（帰責／免責）とが区別されていない。障害の個人的要因のうち「変えられる部分」があるからといって、その部分については個人が責任を引き受けるべきであるとは必ずしも言えない。社会モデル理解における事実と規範との混同については、これまで何人もの論者が指摘してきた[8]（星加 2007; 2013, 川越 2013, 川島 2013）。

たしかに、個人が変えられることについてはその人に責任がある（変えられないことについては責任がない）という考え方は、私たちの日常感覚に合致するし、リベラリズムにおいて蓄積されてきた「運の平等主義（luck egalitarianism）」とも通底する。運の平等主義とは、個人の選択の結果といった本人に帰責しうる不平等と、運命すなわち個人の制御が及ばない生得的・社会的条件の産物である本人に帰責しえない不平等とに分け、後者については何らかの補償措置をとることが社会の責任であるとする立場である（e.g. Dworkin 2000=2002）。しかし、個人が変えられることについてはその人に責任がある（変えられないことについては責任がない）というこうした考え方は、いくつかの問題を含んでいる。

第一に、インペアメントが解消できる可能性があるときに、それをしないことはどのように扱われるのかという問題がある（星加 2007）。たとえば、外科手術やリハビリによってインペアメントが解消・軽減できる場合、そうした解消・軽減をするかどうかのある程度は個人の「選択」に属し、その意味で「責任」があると言える。可変であるのに変えようとしないことは、「責任」を果たさないことになるのか。

顔にあざがある女性Aは、子どもの頃から他者の執拗な視線にさらされ、ときに罵声を浴びせられてきた。あざを隠せばそうした苦しみから解放されるかもしれないが、Aは「あざのある人間がそのままの姿で社会に受け入れられないのはおかしい」との思いから、カムフラージュメイクをせずに生活している（西倉 2009）。あざは隠せるという意味で「個人の変えられる部分」に含まれるが、カムフラージュメイクをして他者の視線や暴言を回避しようとしないAは「責任」を引き受けていないことになるのだろうか。このような考え方は、個人に過度な克服努力を強いる医学モデルを肯定することになりはしないか。

第二に、これは運の平等主義に対して向けられた批判であるが、選択か運かの区別に注力するあまり、不平等を生み出す社会関係や社会構造の影響を小さく見積もっている（Philips 2004）。個人が何を選択するかは、その人が置かれている社会的位置に規定されており、この社会がそもそも何に価値を認めているかにも依存している。にもかかわらず、何が選択の結果で何が運命の産物なのかという個人レベルの問題に焦点を当てることは、たとえ運の範疇を広く確保して補償の対象に含めたとしても、「社会的に強いられた抑圧を見失うおそれのある、平等についての本質的に個人主義的な理解を促す」（p.17）という結果を招く。

選択か運かの区別を可変／不可変の線引きと読み替えれば、この批判はそのまま綾屋の議論にも当てはまる。綾屋は、当事者研究によって「個人の変えられる部分」と「個人の変えられない部分」を切り分けることをめざすというが、個人の可変／不可変の部分の線引きは社会関係のなかで構成され、不均衡な社会構造の影響を受けざるをえない。この点について、読み書き障害でノートをとることが難しい生徒Bを事例に考えてみよう。

Bは黒板の内容をノートに写そうとしても極端に遅くて時間内に終わらせられず、ノートをとるのに精一杯で教員の話を十分に理解することができない。そこで担任は、ICT（情報通信技術）を活用したBの支援を検討したが[9]、B自身が「みんなと同じように手書きでノートをとりたい」とタブレットPCの使用を拒否した。タブレットPCを使っている他の生徒の様子を紹介しつつ、担任が話し合いを重ねた結果、Bは人と違うやり方でノートをとってもよいと思えるようになった。BがタブレットPCの使用を受け入れることは、たしかに「個人の変えられる部分」に当てはまる。

しかし、もしBの担任が「ノートは手書きでとるべき」「みんなと同じことができなければならない」という従来の発想に固執する教員であったとしたらどうだろうか。手書きを当然視する規範や、全員が一斉に同じ行動をとることを期待する「一斉共同体主義」（恒吉1996: 226）の圧力があるとき、Bが人と違うやり方を受け入れるのは容易ではない。このように、個人の可変／不可変の部分の線引きは、社会規範や同調圧力のありよう、そして教員と児童生徒との権力関係に大きく左右される。にもかかわらず、こうした社会関係や社会構造を無視して「個人の変えられる部分」を設定し、かつそれを個人に帰責していくようなやり方は、本来は個人が引き受けなくてよいものまで肩替わりさせることになりはしないか。現実的には「個人の変えられない部分」であるものが、理屈上「個人の変えられる部分」へとすり替わってしまうという事態が生じかねない。

第三に、社会の可変／不可変の部分の線引きもまた、マジョリティである非障害者とマイノリティである障害者との権力の非対称性に規定されることを見落としている。この社会は非障害者の価値観や行動様式を「標準」として形成されてきたため、非障害者にとっては居心地がよい。非障害者は自分にとって快適で利便性の高い社会が変わってしまうのは嫌なので、できる限り障害者個人に変わってもらって済ませたい。一方の障害者は、種々のコストを支払ってその「標準」に合わせなければならない。障害者が「標準」に合わせるためのコストは不可視化されるか、良くても過小評価されるのに対して、環境整備や合理的配慮などにかかる社会的コストは過大に見積もられる。このように、マジョリティである非障害者からすれば、個人は変えやすく社会は変えにくいのであって、「個人の変えられる部分」は最大限に、「社会の変えられる部分」は最小限に確保しようという思惑が作用する。

聴覚障害のある子どもCが人工内耳を装用するという事例を考えてみよう。人工内耳とは、音声を電気信号に変換し、内耳に埋め込んだ電極を通して聴神経に刺激を与える装置である。ただし、人工内耳で得られる聴力は、補聴器と同様、周囲の音響環境や相手の話し方に大きく左右される。また、手術後も継続的なリハビリテーションや専門家による支援が必要であるが、日本ではそうした場が十分に確保されていない（大沼 2012）。こうした不確実性を考慮すると、人工内耳を装用するよりも手話を身につける方がC本人にとってのリスクは低いように見えるが[10]、手話や要約筆記などの情報保障が受けられる環境の不備を懸念した周囲はCに人工内耳を装用させることにした。

これは、社会の側の環境整備の不徹底を個人の身体の改変によって補わざるをえなかったケースである。個人に負荷をかける反面、マジョリティ側のコミュニケーション様式――聞こえることを自明視したコミュニケーションのあり方――は何ら変更を迫られない。「社会の変えられる部分」は、論理的な可能性としてはもっと広く確保できるはずなのに、現実には狭く設定されてしまうのである。

このように、社会の可変／不可変の部分の線引きの主導権をマジョリティである非障害者が掌握している現状があるとき、可変／不可変と帰責／免責の次元を直結させることはきわめて危険である。たとえ「社会の変えられる部分」として社会の側に帰責させようとした問題であっても、「個人が変えるべき問題」として差し戻されることになりかねないためである。

さらに、何かを誰かの責任に帰せる判断は、個人の責任とされたものは社会に放っておかれることになってしまうという「危険な副次的作用も伴う」（盛山 2006: 170）。運の平等主義のもとでは、個人に責任が帰せられるような不平等は何の補償もなされないことを意味するように[11]、綾屋の議論においても「個人的に変化可能で責任を引き受けられる範囲」についてでは社会に放置されることになる。

この問題は、新自由主義の浸透と展開という今日の社会過程を視野に入れると、なおさら深刻さを帯びる。新自由主義のもとでは、病気や事故、失業といったリスクの保障を社会に求めてはならないとされ、自助努力が奨励されるなど、福祉国家がつくり出していた「社会的なもの」が縮減される（佐藤 2009）。そこでの個人は「人的資本」へと変貌を遂げ、自己を投資の対象として管理し、自己の価値を向上させる責任を課せられる一方で、緊縮財政を受け入れて「犠牲を共有」しなければならない（Brown 2015=2017）。このような時代状況のなかでは、「社会の変えられる部分」を見出すこと自体に抑制がかかり、社会の変化ではなく自己の変化によって状況に適応することが強力に要請される。「個人の変えられる部分」が極大化されたうえで、その責任は全面的に個人に帰責されていくのである。私たちがこうした社会過程の只中にいることを考慮するならば、社会関係や社会構造から独立したものとして「個人の変えられる部分」を設定し、それについて積極的かつ意欲的に責任を引き受けていくような身振りがどう利用されるか、もっと慎重でなければならない[12]。

（4）小括

とりわけ発達障害については、個人の側にのみ変わることを要請されてきた経緯があるため、そうした恣意的な線引きを社会の側に押し戻したいという綾屋の意図は十分理解できる。また、多くの当事者たちが当事者研究を通じて「個人の変えられる部分」を見出し、自らの身体特性を表現する言語の獲得という形で実際に変えてきた経緯もあるのだろう。しかし、だからと言って、個人と社会を素朴に切り分けたうえで、個人の可変の部分を設定し、障害当事者に責任を割り振っていくようなやり方には問題も多い。個人と社会の可変／不可変の線引きにしても、帰責／免責の線引きにしても、現行の社会構造の不均衡やマジョリティである非障害者とマイノリティである障害者との権力の非対称性を視野に入れることなしには把握できないはずだからである。[13] したがって綾屋の議論は、個人の側でも社会に歩み寄り、社会の側にも個人に歩み寄ってもらってうまくやっていくためのハウツーとしての意味はあるだろうが、障害をめぐる社会分析としては不十分である。

これに対して本書の言う社会モデルは、こうした社会構造の不均衡や障害者と非障害者との間の権力の非対称性を問う視点である。そしてこうした社会モデルを支柱とする障害学は、社会の側の障壁（社会の変えられる部分／社会が変えるべき部分）を発見する企てであるのだから、もとより「ソーシャル・マジョリティ研究」に他ならないはずである。ただし、それは個人と社会の「歩み寄り」を促すものではけっしてない。

熊谷は、「当事者研究は結局のところ、現在の新自由主義的な体制に人を適応させることに他ならないのではないか」（熊谷・國分 2017: 12）という当事者研究に対する批判に言及したうえで、それは当たらないと指摘している。[14] しかし、以上（1）から（3）の線引きの危うさを踏まえると、当事者研究やソーシャル・マジョリティ研究が新自由主義的な体制に絡め取られるのではないかという懸念は拭い切れない。

5 「社会」の過小性、「個人」の過大性

序章では、社会モデルにおける「社会」を①発生メカニズムの社会性（障害はどのようにして生じているか?）、②解消手段の社会性（それを解消するために何ができるか?）、③解消責任の社会帰属（解消の責任を負う主体は誰か?）の三つに分節化した。熊谷と綾屋による社会モデル理解を、これら三つの「社会」との関係で整理しておこう。まず①発生メカニズムの社会性については、あやふやさが残るが、個人の身体特性と社会環境を平板に並べて両方に等しく障害の発生原因を求めている点に着目するならば、社会的障壁の問題性を強調する見方をしているとは言えない。次に②解消手段の社会性については、とくに綾屋の議論において個人と社会の両方に「変えられる部分」を想定していることから、少なくとも部分的には、個人の側で障害を解消することを見込んでいる。最後に③解消責任の社会帰属については、「変えられる部分」と連動させる形で個人と社会それぞれに責任を帰属させていることから、少なくとも一定程度は、個人の側に障害の解消責任を割り当てている。

熊谷と綾屋による社会モデル理解の問題点は、第一に、個人と社会を固定的なものとして二分したうえで、社会を狭くとらえていることである。こうした理解のもとでは、社会は個

人に外在する環境として把握されるため、個人が内面化した規範や価値観などは問われないままになる。個人と社会の弁証法的過程を踏まえれば、個人が内面化した規範や価値観は社会的な構築物に他ならない。よって、社会が変わらない限り、個人が単独で変わることはできないにもかかわらず、社会の変化を経由しない個人の変化が期待され、その責任が個人に帰せられてしまう。個人に外在する環境のみを「社会」ととらえるような過小な線引きは、必然的に「個人」の領分を過大に見積もることになる。

第二の問題点は、個人と社会との関係を種々の権力関係を含めた形でとらえていないことである。過去から連綿と続く障害者と非障害者との間の権力の非対称性に注意を払うことなく個人と社会との「フェア」な関係が志向されるため、現状を初期条件とする「お互いに対して無理強いをしない歩み寄り」という枠組みが起動してしまうのである。すでに指摘したように、権力関係を度外視した「歩み寄り」において変化を求められるのは個人の側である。

このように、熊谷と綾屋の言う社会モデルは、本書における社会モデルとは異なる。本書では、上記の①を社会モデルの要諦であると位置づけたうえで、障害発生の根本原因を明確に社会的障壁の側に見出している。さらに、①～③の各位相において何がどのような意味で社会の側に割り当てられるのかは、マジョリティである非障害者とマイノリティである障害者の権力関係という磁場のなかで把握しなければならないという立場に立つ。本章では、こうした立場から、ソーシャル・マジョリティ研究における（1）個人／社会、（2）可変／不可変、（3）帰責／免責という線引きの問題を検討した。

当事者研究を通して自分の身体特性を言語化しつつ、自ら可変／不可変の線引きをする。そして、ソーシャル・マジョリティ研究によって多数派社会のルールやしくみを知り、不可変とされてきた領域の見直しを迫る。このような議論は多くの当事者にエンパワメントをもたらすのだろうが、これが規範化していったときに何が起こるだろうか。

たしかに、自ら可変／不可変の線引きができると言われて解放される当事者はいるだろう。しかしその一方で、「変えられない自分」に対して自責的になる人が出てくると考えられる。当事者研究の知やそれをともに実践する仲間といった資源にアクセスしやすい人はよいが、限られた資源しか持たない人が自分を「変える」のはたやすいことではない。にもかかわらず、自分を「変えられない」人は「歩み寄り」の努力をしていないと咎められ、自責の念に駆られることになりかねない。さらに、「変えられる自分」に責任を負うことに負担を覚える人が出てくることも考えられる。「個人の変えられる部分」を引き受けるには、多大なコストを要する。自身の身体特性に対峙すること自体が心理的な負荷をともなうし、その特性を管理する必要があるとしたら、身体的にも金銭的にも負担がかかるだろう。首尾よく「変わる」ことができたらできたで、障害者が陰で支払っているさまざまなコストの存在は不可視化される。コストを払い続けるのはしんどいが、変化可能であるのに自分を「変えられない」のは責任を全うしていないことになるから、途中でやめるわけにはいかない。このように、熊谷や綾屋の議論によって――筆者たちの意図に反して――より不利な状況に置かれる人がいることを想定するのは、まったくの杞憂だろうか。

本章が直接のターゲットにしたのは熊谷と綾屋の社会モデル理解であるが、個人と社会の二分法にしても、権力関係の看過にしても、よりオーソドックスな社会モデル理解にも当てはまる問題である。たとえば、障害学において「社会モデルは、障害者の経験にとって重要な位置を占める身体の問題を扱えない」といった社会モデル批判が展開されるとき、そこで前提とされているのは個人と社会の素朴二元論なのではないか。あるいは、ディスアビリティ解消のための実践的ツールとして社会モデルが用いられ、既存の社会を初期条件とするような問題解決が志向されるとき、そこにははたしてマジョリティの権力性を問う視線があると言えるだろうか。このように、熊谷と綾屋による社会モデル理解の問題点は、障害学の研究者や社会モデルの支持者においても、程度の差こそあれ見られるものである。よって本章でここまで展開してきた議論は、特定の論者の批判を超えて、矮小化された社会モデル理解そのものに向けられている。

個人も社会も「お互いに変わるべきところがある」と「歩み寄り」を模索する議論は、健常者中心主義的な社会を告発するタイプの議論にくらべて受容されやすい。しかし、「お互いに」という形で障害のある人とない人との差異を平板化する語り方は、現実に歴然と存在する社会構造の不均衡を覆い隠し（第2章）、結果的に障害者の側に不当な適応努力を強いる効果を持ちうる。これは、通りのよいメッセージがいかに領有（appropriate）されうるかという問題である。矮小化された社会モデル理解がそうした領有を呼び込むことがないよう、汗意深くあらねばならない。

■注

1 現在、「当事者研究」はより広い意味で用いられている。野口（2018）は、当事者研究の二つの用法として「べてる式当事者研究」（当事者が研究者でない場合）と「研究者による当事者研究」（当事者が研究者である場合）を挙げている。野口によれば、前者は、これまで研究対象であって研究主体ではないとみなされてきた当事者たちが自らの問題について研究する活動として浸透している。これに対して後者は、研究者のみならず当事者の視点の導入により独自の世界を開拓してはいるが、当事者である研究者が研究する意義についてはさらなる検討が必要であるという。

2 この点について石原は、「健常者に理解可能な言葉で語り、健常者を当事者研究の対話相手として引き込むところに、当事者研究が成り立つ基盤があるといえる」（石原 2013: 50）と述べている。

3 熊谷の場合、予測の不安定化と意思決定の困難は、これまで経験したことのない強い「痛み」として現れたという（熊谷 2013a: 2013b）。脳性まひの二次障害であるこうした「痛み」について、社会モデルにもとづく従来の障害者運動は、障害者に負担を強いる社会を問題視しつつリハビリの後遺症や本人の無理のしすぎとして説明したり、「自分でできなくてもよいのだ」と主張してきた。しかし、そうした説明を与えられても「痛み」は消えないし、自分でできなくなること自体が「痛み」の主因であるとしたら事態はそれほど単純ではない。とするならば、社会モデルの考え方で満足するのではなく、「痛み」について「立ち止まって熟慮」（熊谷 2013a: 223）する当事者研究が必要であるという。

4　熊谷によれば、障害者本人ではなく家族や介助者の意思が優先されてきた歴史に鑑みれば、障害者運動において自己決定の原則が重要であることは当然である。しかし、この原則は同時に、障害者運動内に「意思決定能力に基づく序列化」（熊谷 2013b: 12）が生じる可能性を示唆しているという。

5　たとえば以下のインタビュー記事を参照のこと。「『自立』とは、社会の中に『依存』先を増やすこと――逆説から生まれた『当事者研究』が導くダイバーシティーの未来」（mugendai 二〇一八年八月二日〈https://www.mugendai-web.jp/archives/8758〉二〇二〇年二月二一日取得）、「なぜ政治家が差別発言をしてはいけないのか？『障害は皮膚の内側ではなく、外側にある』」（BuzzFeedNews 二〇一八年一二月一日〈https://www.buzzfeed.com/jp/naokoiwanaga/stigma-1〉二〇二〇年二月二一日取得）。

6　さらに指摘するならば、熊谷は社会モデルを自己決定、意思決定、自立といった当事者主権的なものと結びつけてとらえているが、この理解はかなり特殊である。社会モデルと当事者主権は、端的に水準の異なる概念である。社会モデルは、障害がどのように生じているかを説明する認識論である。これに対して当事者主権とは、当事者のリアリティが非当事者のそれよりも優先されるべきという規範的要請であり、当事者の立場（ポジション）の優位性や特権性を訴えるために生み出された運動・実践の政治的スローガンでもある。だから、仮に当事者が「問題は身体にあるのだから、社会環境の変革ではなく、医療やリハビリによる身体の改変が大事なのだ」と主張するとしたら、それらが優先されるはずであり、社会モデルに依拠しない当事者主権は論理的には十分ありうる。

ただし、社会モデルは医療やリハビリを否定するものではない。障害がインペアメントのみから生じるという還元論を否定することと、医療やリハビリの存在自体を否定することはまったく異なる。

7　川島の整理に従えば、英国社会モデルが障害者の不利はインペアメントとは無関係に社会的障壁から生じるとするのに対し、米国社会モデルは障害者の不利はインペアメントと社会的障壁との相互作用によって生じるとする（川島 2011; 2013）。英国社会モデルは「結果としての不利」と「原因としての社会的障壁」を一緒くたに障害（ディスアビリティ）と把握するため原因と結果を峻別できないが、米国社会モデルはこの二つを明確に区別している。よって川島は、社会モデルが新しい洞察を得るための道具であることに照らせば、米国社会モデルを採用すべきであると主張している（川島 2011）。

8　社会モデルの意義とポテンシャルを探究した『障害学のリハビリテーション』（生活書院、二〇一三年）では、発題者全員が発生メカニズムの社会性（序章①）の次元と解消責任の社会帰属（序章③）の次元の区別について言及している。このことは、社会モデルを鍛錬していくうえで事実と規範の峻別が重要であることを示している。

9　筑波大学『発達障害のある子供たちのためのＩＣＴ活用ハンドブック 通常の学級編』（平成二五年度文部科学省調査研究委託事業）〈https://www.mext.go.jp/a_menu/shotou/zyouhou/detail/__icsFiles/afieldfile/2018/08/09/tsujo_tsukuba.pdf〉参照。

10　ただし、大沼（2012）によれば、人工内耳を装用することと手話を用いることは両立可能である。

11　反対に、運の平等主義は受益者にスティグマを貼り、かれらに劣等感を植えつけるという問題もある。なぜなら、運の平等主義においては、本人の選択によってはどうにもならなかった不運が補償の根拠であり、受益者が不運な存在であることは理論的前提であるためである。E・アンダーソンによれば、運の平等主義は受益者に次のようなメッセージを送っているに等しい。「障害のある人たちへ。あなた方の生まれつき欠陥のある才能や現在の無能力は、悲しいことに、あなた方の人生を健常者の人生にくらべて価値のないものにしています。この不運を補償するために、私たち健常者は、少なくとも誰かが他の人の人生に匹敵すると思うくらい、あなた方が生きる価値を十分に高めるために追加的な資源を提供します」（Anderson 1999: 305）。

12 木部によれば、運の平等主義は「新自由主義から自己責任の考え方を取り入れることで、従来の福祉国家に修正を加えつつも、問責不可能な不平等にたいする再分配を擁護する試み」（木部 2015: 87）である。個人が変えられることについてはその人に責任がある（変えられないことについては責任がない）という考え方のこうした思想的出自を踏まえると、綾屋の議論に対する危惧はまったくの杞憂とは言えないだろう。

13 綾屋・熊谷（2010）では、自分に「変えられるもの」と「変えられないもの」の見極めが当事者研究における重要な問いであることを指摘している。熊谷が受けたリハビリでは、「変えられない部分の一部が変えられる部分と誤認され」（p.167）、「変わらない」責任を本人の努力不足に帰せられたという。綾屋の議論が、こうした「誤認」の危険性と当事者にかかる負荷を予期していないのはなぜなのか。

ただし、自分の人生において「責任を果たしている」という実感を得て、他者にもそうした存在として尊重されることは私たちにとって重要な意味を持つ。Y・モンクによれば、誰もが責任ある主体として自分の人生を選択することが最大限に保障されるには、自己責任論に代表される懲罰的な責任像とは異なる責任像の構想と、それを可能にする社会の構築が必要である（Mounk 2017=2019）。

14 認知行動療法（ＣＢＴ）が新自由主義的統治のテクノロジーとして隆盛する状況を批判的に検討した平井（2015）は、綾屋・熊谷（2010）を下敷きに、そうした認知行動療法と当事者研究との違いについて以下のように述べている。

> 重要なのは、「べてるの家」のＣＢＴが、「本人の（『変えられる』部分ではなく）『変えられない』部分」を把握しようとする」モメントと、「（本人ではなく）周りが『変えられる』部分はどこかを把握しようとする」モメントの両者を有している、という点である。前者のモメントは（中略）「社会的」リスクの自己コントロール困難性を積極的に認め、「自己コントロールできない」＝「変えられない」部分を見きわめていこう

とするものだと理解できる。それに対して後者のモメントは、そうした本人の「自己コントロールできない」＝「変えられない」部分ではなく、本人をとりまく周り＝社会の側が変容することで、本人の「自己コントロールできる」＝「変えられる」部分を保障していこうとするものであると言えるだろう。これらは、「べてるの家」のＣＢＴが新自由主義的合理性ではなく、本書の規範的ビジョン（自己コントロールの「社会化」）に見出される統治的合理性と親近性を有することを強く示唆している（p.366）。

平井はこのように、自己コントロールの「社会化」を模索するうえでのヒントを、綾屋・熊谷（2010）でのべてるの家の諸実践に関する考察に求めている。しかし、本書の立場からすると、「社会」の意味するものがせいぜい本人の周囲の他者なのであれば、その範疇はあまりにも狭く、当事者研究に自己コントロールの「社会化」の契機を見るのはやや拙速ではないだろうか。

加えて指摘するならば、べてる式の当事者研究と、個人と社会との「歩み寄り」を促進しようとする綾屋・熊谷の立場は異なる。社会関係や社会構造から独立したものとして「個人の変えられる部分」を設定し、それについて責任を引き受けていくような立場は、むしろ自己コントロールの「個人化」を帰結するのではないか。

■文献

Anderson, Elizabeth S.,1999 "What is the Point of Equality?," *Ethics,* 109（2）: 287-337.

綾屋紗月 2016「当事者研究の展開——自閉スペクトラム症当事者の立場から」『現代思想』44（17）: 160-173.

——— 2018「ソーシャル・マジョリティ研究とは」綾屋紗月編『ソーシャル・マジョリティ研究——コミュニケーション学の共同創造』金子書房: 1-21.

綾屋紗月・熊谷晋一郎 2008『発達障害当事者研究——ゆっくりていねいにつながりたい』医学書院

——— 2010『つながりの作法——同じでもなく違うでもなく』日本放送出版協会

Berger, P. & T. Luckmann, 1966 *The Social Construction of Reality: A Treatise in the Sociology of Knowledge*, Doubleday.（=2003 山口節郎訳『現実の社会的構成――知識社会学論考』新曜社）

Brown, Wendy. 2015 *Undoing the Demos: Neoliberalism's Stealth Revolution*, Zone Books.（=2017 中井亜佐子訳『いかにして民主主義は失われていくのか――新自由主義の見えざる攻撃』みすず書房）

DeMello, Margo. 2014 *Body Studies: An Introduction*, Routledge.（=2017 田中洋美監訳『ボディ・スタディーズ――性、人種、階級、エイジング、健康／病の身体学への招待』晃洋書房）

Dworkin, Ronald. 2000 *Sovereign Virtue: The Theory and Practice of Equality*, Oxford University Press.（=2002 小林公・大江洋・高橋秀治・高橋文彦訳『平等とは何か』木鐸社）

平井秀幸 2015『刑務所処遇の社会学――認知行動療法・新自由主義的規律・統治性』世織書房

星加良司 2007『障害とは何か――ディスアビリティの社会理論に向けて』生活書院

――― 2013「社会モデルの分岐点――実践性は諸刃の剣?」川越敏司・川島聡・星加良司編『障害学のリハビリテーション――障害の社会モデルその射程と限界』生活書院：20-40.

石原孝二 2013「当事者研究とは何か――その理念と展開」石原孝二編『当事者研究の研究』医学書院：11-72.

川越敏司 2013「障害の社会モデルと集団的責任論」川越敏司ほか編『障害学のリハビリテーション――障害の社会モデルその射程と限界』生活書院：52-76.

川島聡 2011「差別禁止法における障害の定義――なぜ社会モデルに基づくべきか」松井彰彦・川島聡・長瀬修編『障害を問い直す』東洋経済新報社：289-320.

――― 2013「権利条約時代の障害学――社会モデルを活かし、越える」川越敏司ほか『障害学のリハビリテーション――障害の社会モデルその射程と限界』生活書院：90-117.

――― 2017「転換期の障害法」『障害法』1: 77-95.

木部尚志 2015『平等の政治理論――〈品位ある平等〉にむけて』風行社

熊谷晋一郎 2013a「痛みから始める当事者研究」石原孝二編『当事者研究の研究』医学書院：217-270.
―――― 2013b『ひとりで苦しまないための「痛みの哲学」』青土社
―――― 2015「当事者研究への招待――知識と技術のバリアフリーをめざして」『生産研究』67（5）：85-92.
―――― 2019「当事者研究からはじめる『知』の歩き方――獣道と舗装道路をつなぐ」嶺重慎・広瀬浩二郎・村田淳編『知のスイッチ――「障害」からはじまるリベラルアーツ』岩波書店：229-249.
―――― 2020『当事者研究――等身大の〈わたし〉の発見と回復』岩波書店
熊谷晋一郎編 2017『みんなの当事者研究』（『臨床心理学』増刊第9号）金剛出版
―――― 責任編集 2018『当事者研究と専門知――生き延びるための知の再配置』（『臨床心理学』増刊第10号）金剛出版
―――― 責任編集 2019『当事者研究をはじめよう』（『臨床心理学』増刊第11号）金剛出版
熊谷晋一郎・綾屋紗月 2014「共同報告・生き延びるための研究」『三田社会学』19: 3-19.
熊谷晋一郎・國分功一郎 2017「対談 来たるべき当事者研究――当事者研究の未来と中動態の世界」熊谷晋一郎編『みんなの当事者研究』（『臨床心理学』増刊第9号）金剛出版：12-34.
Mounk, Yascha. 2017 *The Age of Responsibility: Luck, Choice, and the Welfare State*, Harvard University Press.（＝2019 那須耕介・栗村亜寿香訳『自己責任の時代――その先に構想する、支えあう福祉国家』みすず書房）
向谷地生良 2005「序にかえて『当事者研究』とは何か」浦河べてるの家『べてるの家の「当事者研究」』医学書院：3-5.
西倉実季 2009『顔にあざのある女性たち――「問題経験の語り」の社会学』生活書院
野口裕二 2018「研究コラム 当事者研究」小林多寿子・浅野智彦編『自己語りの社会学――ライフストーリー・問題経験・当事者研究』新曜社：268-269.
大沼直紀 2012「人工内耳によって『ろう文化』はなくなるか？――ろう者の言語権・文化権と『音を聞く権利』を両立させる」中邑賢龍・福島智編『バリアフリー・コンフリクト――争われる身体と共生のゆくえ』東京大学出版会：51-66.

Oliver, Michael. 1990, *The Politics of Disablement*, The Macmillan Press.（=2006 三島亜紀子・山岸倫子・山森亮・横須賀俊司訳『障害の政治――イギリス障害学の原点』明石書店

Phillips, Anne. 2004, "Defending Equality of Outcome," *Journal of Political Philosophy*, 12（1）: 1-19.

佐藤嘉幸 2009『新自由主義と権力――フーコーから現在性の哲学へ』人文書院

盛山和夫 2006『リベラリズムとは何か――ロールズと正義の論理』勁草書房

恒吉僚子 1996「多文化共存時代の日本の学校文化」堀尾輝久・久冨善之編『学校文化という磁場』柏書房：215-240.

横田弘 2015『障害者殺しの思想』［増補新装版］現代書館

横塚晃一 2007『母よ！ 殺すな』生活書院

第2章 「心のバリアフリー」は毒か薬か

飯野由里子・星加良司

1 「心のバリアフリー」のリバイバル

オリンピック・パラリンピック東京大会の開催を契機として、「心のバリアフリー」に向けた取り組みが活況を呈した。二〇一七年に政府が策定したユニバーサルデザイン2020行動計画（以下「UD2020」）では、史上二回目となる東京大会を、日本が共生社会に向けて「社会のあり方を大きく変える絶好の機会」と捉え[1]、そのための重要な柱のひとつとして「心のバリアフリー」を位置づけている。これにもとづいて、学校、企業、市民を含む社会の各階層を対象に、複数の省庁にまたがる大々的な取り組みとして「心のバリアフリー」が推進された。また、それに呼応するかたちで、大企業が構成する民間団体であるオリンピック・パラリンピック等経済協議会においても、東京大会を契機とするソフトレガシーのひとつとして「心のバリアフリー」について検討するワーキンググループが設置され、行動宣言[2]まで採択して取り組みが進められた。

このムーブメントにおいて推進された「心のバリアフリー」とは何か。「UD 2020」によれば、それは以下の三つの要素を重視する理解啓発のことである。

（1）障害のある人への社会的障壁を取り除くのは社会の責務であるという「障害の社会モデル」を理解すること

（2）障害のある人（及びその家族）への差別（不当な差別的取扱い及び合理的配慮の不提供）を行わないよう徹底すること

（3）自分とは異なる条件を持つ多様な他者とコミュニケーションを取る力を養い、すべての人が抱える困難や痛みを想像し共感する力を培うこと

ここからもわかるように、「心のバリアフリー」が「社会モデル」にもとづく取り組みであることは、「UD 2020」において明示的に記されている。ところが、障害当事者や活動家、障害学の研究者の中には、「心のバリアフリー」をそのようなものだと思っていない人が相

当数存在する。もっと露骨に言えば、「心のバリアフリー」に全く期待していないばかりか、警戒感を持って遠巻きに眺めている人が多い。

このような奇妙な状況が生まれているのはなぜか。その理由は、「心のバリアフリー」の前史と深く関係している。実は、「心のバリアフリー」という言葉は、近年になって初めて使われるようになったものではなく、二〇年以上にわたり似て非なる意味で用いられてきた歴史がある。その意味で、「心のバリアフリー」は手垢にまみれた言葉である。

本章では、「心のバリアフリー」の意味内容と用法を「UD2020」の前後で区別した上で、その分岐点を「社会モデル」を基盤としているか否かという観点から整理する（第2節、第3節）。ただし、「社会モデル」を採用することで大きな転換を図ったはずの「心のバリアフリー」の実践は、その転換を駆動した当の「UD2020」における「共生社会」イメージによって換骨奪胎される恐れを内包している（第4節、第5節）。この懸念を受けて第6節では、障害に関わる施策の理念や方向性もまた、社会全体に支配的な価値規範と無縁ではありえないことを踏まえ、ポスト「UD2020」の言説空間において警戒すべき論点を指摘する。

2 「心のバリアフリー」の系譜

本節では、「ＵＤ2020」以前の「心のバリアフリー」を旧パラダイムと位置づけ、それが、いつ、どのような流れの中で登場した、どのような取り組みなのかについて基礎的な点を確認しておく。

一般的には、一九九三年の「障害者対策に関する新長期計画」、一九九五年の「障害者白書」において「四つのバリア」の認識が示されたことがきっかけだとされている。「四つのバリア」とは、一般的にイメージされる「物理的なバリア」だけでなく、社会の中には「制度的なバリア」「文化・情報面のバリア」「意識上のバリア」が存在しており、それらが障害者の生活を困難にしているとする考え方のことである。ここで最後に示された「意識上のバリア（心のバリア）」[3]とは、障害者に対する心無い言葉や視線、無関心、差別的な態度、哀れみや同情を含んだ障害者観などのことを指す。そして、それらを取り除いていくことが「心のバリアフリー」として位置づけられた。

こうした意味での「心のバリアフリー」は、一九九〇年代に日本でもノーマライゼーションの理念[4]が浸透しはじめたこと、また内閣府が「共生社会」を提唱しはじめたことなどとあいまって、学校教育や人権啓発等の領域で一定の広がりを見せていく。その取り組みに関する国の調査によれば、周知が「十分されている」「どちらかといえばされている」を合わせて二割程度であり（内閣府 2009）、また認知度に関する東京都の調査では「心のバリアフリー」という言葉を聞いたことがある」人の割合は三割強（東京都保健福祉局 2017: 6）と、一定の認知が進んできたことがわかる。

では、その具体的な中身とはどのようなものだったのだろうか。ある自治体のホームページ上では「心のバリアフリー」が次のように説明されている。

> 人の「心」の中にも、バリア（障壁、壁）があることを知っていますか？ たとえば……、駐車する必要がないのに、車いす用駐車スペースに駐車すること
>
> 点字ブロックの上に、自転車や店の看板など物をおくこと
>
> （中略）
>
> このような行動は、体の不自由な方や障がいのある方への理解不足、無関心によって作られる「心のバリア」であり、ちょっとしたやさしさ、思いやりを持てば、この「心のバリア」は簡単になくすことができるのです。[5]

別の自治体から出版された冊子にも、同様の言説を見ることができる。

心のバリアフリーが醸成された「人にやさしいまち」とは、放置自転車や違法駐車、占用物等の人的かつ利己的な行動による歩道上の障害が発生しないまちである。[6]

また、「心のバリアフリー」を「思いやりの心を醸成する」ための取り組みと位置づけた上で、目指すべき社会像を次のように示している自治体もある。

誰もが相互に多様な個性を尊重することや思いやることができ、まちなかで困っている人を見かけたときも、自然に声をかけ、みんなが協力して手助けができる社会が実現している。[7]

上記事例はいずれも、「心のバリアフリー」が醸成・実現された状態を「やさしさ」や「思いやり」のある状態として人びとにイメージさせる効果をもつ。こうした「優しさ、思いやり、ヒューマニズムなどのイメージと結びつい」た（徳田・水野編 2005）「心のバリアフリー」理解が、一九九〇年代にはじまった取り組みの特徴のひとつである。実際、東京都が行った調査からも、人びとが「心のバリアフリー」を「思いやりを持って手助けすること」

「差別や偏見がないこと」[8]「誰もが暮らしやすい社会をつくること」と理解していることがわかる（東京都保健福祉局 2017: 8）。

この時期に推進された「心のバリアフリー」のもうひとつの特徴は、「駐車する必要がないのに、車いす用駐車スペースに駐車する」ことや「点字ブロックの上に、自転車や店の看板など物をおく」ことなどの「利己的な行動」をやめ、街中で困っている人を見かけた時に「自然に声をかけ、みんなが協力して手助けができる」ようになるといった、人びとの具体的な行動変容を重視している点である。そのための具体的な取り組みとして、各所で、障害の種類や特性に関する知識や正しいサポートの仕方を記載したテキストやパンフレットが作成されるとともに、車いすやアイマスクを用いて体の動きや機能が制限された状態を一時的に作り上げることで、障害者が直面する困難や援助の仕方を体感的に学習するツールとして「障害疑似体験（simulation）」が積極的に活用された[9]。

このように、「ＵＤ 2020」以前の「心のバリアフリー」とは、機能障害についての正しい知識を身につけ、やさしい気持ちや温かい心を育て、サポートのノウハウや技術を習得することを目指すものであったと整理することができる。

3 「心のバリアフリー」の新旧パラダイム

前節で確認した「ＵＤ2020」以前の「心のバリアフリー」においては、何よりもまず、障害者という「他者」の中にある機能障害についての理解が重要とされ、それに紐付けられたサポート方法の知識を携えて障害者と接することが推奨された。また、そうした行動の動機付けとして、個人の善意に発する「やさしさ」や「思いやり」が動員された。こうした実践を理論的な観点で位置づければ、それは「社会モデル」よりもむしろ「個人モデル」に親和的なものであったと理解することができる。その意味で、この時期に推進された「心のバリアフリー」を、「ＵＤ2020」以後の取り組みとは質的に異なる旧パラダイムの取り組みとして区別することが適切である。

ここで注意しておきたいのは、旧パラダイムの「心のバリアフリー」においても、障害者を理解し、思いやりをもって手助けする行動が推奨されており、その意味で社会的なサポートの必要性に焦点が当たっていたということである。すなわち、旧パラダイムの「心のバリアフリー」もまた、「解消手段の社会性」や「解消責任の社会帰属」の位相（序章参照）においてはそれなりに「社会的」だったといえる。その一方で、旧パラダイムにおいては、障害者の困難の原因を機能制約として捉える認識が維持されたままであり、「発生メカニズムの社会性」（序章参照）は前提とされていない。まさにこの点において「個人モデル」的であったことにより、機能障害をその身に負ってしまっている障害者を本質的に「不運」で「無力」な存在と捉える認識を温存・強化することにつながってきたのである。こうした実践の前提にある障害観は「障害のチャリティーモデル」と名指され、「個人モデル／医療モデル」の亜種として位置づけられるとともに（Retief & Letšosar 2018）、障害者を永遠に「かわいそうで不幸な」存在という位置に置き続けるものとして批判されてきた[10]。

このように、旧パラダイムが求める「社会的」な取り組みは、「障害者はかわいそうな存在だ」というような同情を含むニュアンスや、障害のない人たちが無意識的にもっている優越感がにじむものとなっていた。つまり、旧パラダイムの問題点は、たとえ善意からであったとしても、「障害者＝支えられる側／非障害者＝支える側」といった、障害のある人と障害のない人との間の非対称な関係を自明の前提に置くことで、障害者の存在価値を格下げしていたことにある[11]。旧パラダイムが障害当事者にとって居心地の悪いもの、評判の悪いものであった理由のひとつはここにある。この格下げをめぐる問題は「ＵＤ 2020」においても批判の対象とされている。そこでは「障害のある人はかわいそうであり、一方的に助けられるべき存在といったステレオタイプの理解も誤りである」ことが明記され、「障害者＝支え

表１　「心のバリアフリー」新旧対照表

	新パラダイム	旧パラダイム
理解の内容	社会の偏りへの気づき コミュニケーションの技法	機能障害についての知識 サポートのノウハウ・技術
障害理解の形式	自己内省	他者理解
基本的な構え	ルールに関する規範意識	やさしい気持ち・温かい心

られる側／非障害者＝支える側」という二元論的な構図は否定された。

他方、「ＵＤ2020」が求める新パラダイムの「心のバリアフリー」においては、（１）「社会モデル」の理解、（２）「差別禁止」の徹底、（３）「コミュニケーションを取る力」や「想像し共感する力」の養成、が三つのポイントとして明示され、障害者の経験する困難は、環境や制度、ルールなどが障害のない人（マジョリティ）の都合に合わせて作られていることによって生じると捉える「社会モデル」への転換が明確にされた。その上で、障害者に困難を生じさせている社会的障壁の存在と、その構築に日常的に、また多くの場合無自覚的に関わっているマジョリティとしての自己内省が優先され、その省察にもとづいて障害者との関わり方を見なおすことが求められている。その際、行動の主要な動機付けとなるのは、個人の善意に発する「やさしさ」や「思いやり」ではなく、一部の人たちに不利を負わせている現在の社会の不均衡を是正しようとする規範的な意識や感覚である。つまり、新パラダイムで重視される「社会モデル」の認識とは、現行の社会の不均衡と障害者の困難とを結びつける理解（「発生メカニズムの社会性」）

を出発点として、そうした不均衡を是正するための最低限のルールを遵守し、社会的障壁によって不利を強いられている人びとの困難に真摯に向き合い応答することなのである。

ここまでの整理をもとに、「UD 2020」前後の新旧の「心のバリアフリー」について、その内容や視点の違いを対比的に示したものが表1である。

現在、「社会モデル」を反映した新しい理念に基づく「心のバリアフリー」の実践が、少しずつ広まってきている。内閣官房では「UD 2020」を踏まえた「心のバリアフリー」の推進のため、アニメーション教材及び集合研修プログラムを作成し、自治体・企業・学校等への普及を図っている。[12] たとえば、アニメーション教材『「バリア」とはなんだろう?』のコンテンツの見出しは以下のようなものである。

・声かけが必要なのはどんなとき?
・困っていることに気づいたら1～適切な距離を保って相手の求めに沿った手助けをしよう～
・困っていることに気づいたら2～見た目で判断せず要望を聞いてみよう～
・コミュニケーションの取り方がわからないときは?
・見慣れない状況に出会ったら

・「障害」とは何だろう

また、より本格的な理解を目的とした集合研修プログラムである『「心のバリアフリー」に向けた汎用性のある研修プログラム』においては、狙いとする受講者の「気づき」として、以下の三点が挙げられている。

・「障害はどこにあるのか?」を理解する(「障害の社会モデル」の理解)
・社会にある「バリア」によって人々に生じている困りごとや痛みに気付く
・共生社会をつくるために、具体的な行動を起こす

このように、障害者は常に「困っている」存在でも「声かけ」や「手助け」を必要としている存在でもなく、あくまで社会的障壁との関係で困難な状況を強いられがちな存在であることを認識した上で、相手の人格を尊重した適切な関わり方が重要であることを強調するのが、新パラダイムの「心のバリアフリー」である。もちろんこうした新パラダイムの理念が、実際の「心のバリアフリー」推進の取り組みにおいてどの程度活かされているのかについては、十分精査する必要があり、率直に言えば、その転換はいまだ道半ばである[13]。だが、少な

くとも理念的には、「ＵＤ2020」によって「心のバリアフリー」の質的な転換が図られ、その基礎に「社会モデル」の理解が据えられたことは特筆に価する。

では、障害の「個人モデル」に依拠する旧パラダイムから「社会モデル」に依拠する新パラダイムへの転換が十分に知られ、教育／研修者が強く内面化している旧パラダイムが払拭されたならば、「心のバリアフリー」は現実に存在している社会構造の不均衡に目を向け、その是正を目指す取り組みとして実践されていくのだろうか。残念ながら、必ずしもそうなるとは限らない。そして、きわめて皮肉なことに、新パラダイムへの転換をうたった「ＵＤ2020」の中に、その危うさの種が潜んでいる。次節からは、この点について見ていこう。

4　新パラダイムに潜む問題（１）——普遍化のレトリックと不均衡の不可視化

「ＵＤ2020」において「心のバリアフリー」を通じて実現が目指される「共生社会」は、次のようなイメージで語られている。

障害の有無にかかわらず、女性も男性も、高齢者も若者も、すべての人がお互いの人権や尊厳を大切にし支え合い、誰もが生き生きとした人生を享受することのできる共生社会ここでは、「すべての人が…」「誰もが…」といったフレーズを通して、共生社会の実現というテーマが一部の特別な人たちのためだけの課題ではなく、あらゆる人に関わる普遍的な課題であることが示唆されている。さらに、あらゆる人が「人権や尊厳を大切に」する主体、「支え合」う主体、「人生を享受する」主体であると強調することで、共生社会のイメージを、各成員が同様の役割を担って参加することで成り立つようなものとして描いている。

以上は、一見特に問題のない理念であるように見える。しかし、こうした普遍主義的な理念を重視することで、新パラダイムの「心のバリアフリー」における最も重要なエッセンスが台なしにされる危険性がある。

改めて確認すると、新パラダイムの「心のバリアフリー」では、障害者に困難を生じさせている社会的障壁の存在に気づくこと、さらに、そうした障壁は、これまで社会がマジョリティである非障害者の利害を優先し、マイノリティである障害者の利害を無視・軽視してきたという偏りの堆積物であると気づくことが重視されている。つまり、私たちが生きているこの社会が、現に不均衡なものとして成り立ってしまっているという認識が、重要なエッセンスとして置かれている。

しかし、「心のバリアフリー」の目標が、未来において実現されるべき社会像として設定され、それが「すべての人」とか「誰も」といった無人称の形で一般化されるとき、そうした現実の不均衡についての認識が後景化する恐れがある。たしかに「UD2020」では、過去及び現在においてあらゆる人が「共生」できる状態に置かれてこなかったという認識が基本的な前提となっている。[14]だが、「すべての人が」「誰もが」など、人びとの間にある差異や多様性を平板化するフレーズは、その通りのよさと引き換えに、一部の人の生において現に起こっている深刻な問題から目を反らす効果をもっている。

以上の懸念は、「UD2020」で目標として掲げられた共生社会の理念が、その実現のための柱として位置づけられた「心のバリアフリー」の進展を阻害するという、きわめて皮肉な事態の可能性を示唆している。[15]ところが、実際に進められている「心のバリアフリー」の実践においては、このクリティカルな危険性が自覚されないまま、安易に普遍化のレトリックが使用される傾向が生じている。

このように、普遍化のレトリックが過剰に強調されがちな理由として、さしあたり二つの論点を提示することができる。第一に、それぞれの主体が置かれている不均衡な社会的位置や、その間にある権力関係を捨象する言葉の方が、マジョリティにとっての受容可能性が高いということである。自らの特権性（加害性）に気づかないままでいたいマジョリティにとってみれば、現状の不均衡をスルーした上で、自らを含む「すべての人」にとっての理想を語ってくれる言葉の方が心地のよいものだろう。しかしそれでは、本来変わらなければならない意識（心のバリア）は温存されたままである[16]。

第二に、現実の具体的な変革を求める実践的関心が、施策の推進主体（行政や企業、学校等）のみならず、施策の推進を望む障害当事者の間にも強く存在している結果、「心のバリアフリー」の焦点が行動主義的な方向に引き寄せられがちだということである。変革のための行動は、さしあたり未来時制においてのみ生じるものであり、そうであるがゆえに行動の可能性は等しくすべての人に開かれている。行動主義によって導かれるこうした「未来志向的」かつ「普遍主義的」なフレームが、過去の蓄積として存在している現在の不均衡から目を背けさせる機能を果たしていると見ることもできるのである。

5　新パラダイムに潜む問題（2）――「能力発揮」という理念と不均衡の再生産

第4節で指摘した、普遍化のレトリックとそれにより不可視化される不均衡という問題に加えて、「ＵＤ 2020」において示されている共生社会のイメージには、現にある不均衡のさらなる拡大や再生産につながりかねない側面が組み込まれている。本節では、「ＵＤ 2020」中にある下記の引用箇所に注目することで、この点について考えていきたい。

共生社会は（中略）障害のある人もない人も、支え手側と受け手側に分かれることなく共に支え合い、多様な個人の能力が発揮されている活力ある社会である。

ここで示されているのは、「多様な個人の能力が発揮され」た「活力ある社会」としての共生社会のイメージである。もちろん、これまで制約・抑圧されてきた個人の能力が発揮される環境を整え、それが結果として「活力ある社会」に結びついていくのであれば、それは好ましいことである。だが、もし個人の能力の発揮を、「活力ある社会」という目標達成のための手段として位置づけているのだとしたら、その流れは本来多様であるはずの人々の生を社会的有用性という基準で測ることを許容し、結果、私たちのあり方・生き方の可能性の幅をより一層制約・制限することになる。

そもそも「活力ある社会」というフレーズは、一九九〇年代初頭に起きたバブル崩壊後の経済の長期停滞を受け、その状況を改善するために提示された新たな社会ビジョンの中でしばしば登場してきたものである。このため「活力ある社会」は、経済成長を再び実現していくために有用な社会的・経済的価値をいかに生み出していくかというマクロレベルの目的志向を持つ言葉であると同時に、そうした価値の創造に寄与するか否かという基準に照らして個々人のミクロレベルの行為や振舞いを価値づけ、方向づける力を持つ言葉として機能してきた。こうした文脈をふまえた上で、上記した共生社会のイメージを解釈すると、何が見えてくるだろうか。そこからは、障害者にこれまで与えてこなかった活躍の場や能力発揮の場を提供することで、「活力ある社会」の実現に資する新たな価値や可能性を積極的に見出していこうとする国、行政、企業の姿が浮かび上がってくる。この点がもっとも露骨に現れているのが、企業が「心のバリアフリー」に取り組む必要性を説明した「ＵＤ 2020」中の下記の引用箇所である。[17]

グローバル化が進行する現代にあって、企業が競争力を向上させ、更なる成長を遂げていくには、多様な価値観に向き合っていく必要がある。そのため、障害のある人を含め多様な人材を活かし、その価値観を取り込んだ企業活動を展開することが重要である。更に、障害のある人の価値観を商品開発等の企業活動へ取り込むことでこれまでにない技術革新を生み、日本企業の新たな強みを創出することにもつながる。

このように、とりわけ企業の「心のバリアフリー」の取り組みにおいては、障害者が「活力ある社会」を生み出すための手段と位置づけられ、その観点から障害者の労働市場や職場への包摂の必要性が強調される傾向がある。[18] 障害者雇用を積極的に推進し、障害者の価値観を企業活動の中に取り込むことで、企業の競争力を向上させ、イノベーションを起こしていこう、というわけだ。かくして、共生社会の理念を経済成長の手段として従属的な位置に追いやりつつ、障害者に排除的な現行の労働市場や職場のあり方を根本的に是正しないまま、「心のバリアフリー」が提唱・推進される。この流れは、「心のバリアフリー」のベースに位置づけられたはずの「社会モデル」の考え方や差別禁止の徹底を骨抜きにするだけではない。それは、「活力ある社会」の実現にとって有用とみなされる者とみなされない者の間の不均衡を再生産・強化し、後者のさらなる排除を助長し正当化する危険性を含んでいる。

ここまでの議論を受け、本節冒頭で引用した箇所の中にある「障害のある人もない人も、支え手側と受け手側に分かれることなく共に支え合い」というフレーズについて、若干の注意を喚起しておきたい。第3節で記したように、これは、障害者＝無力な存在というイメージを強化しがちだった旧パラダイムに対する一定の反省を反映した箇所である。だが、普遍化のレトリックにより現実の社会的不均衡が不可視化され（第4節）、「活力ある社会」を実現するための能力を発揮する主体として障害者が表象される（第5節）言説空間においては、この「共に支え合う」というフレーズが当初の意図に反してネガティブに機能してしまう可能性がある。つまり、このフレーズが、過去及び現在の社会において障害者が十分に「支えられ」てこなかったという事実から人びとの目を背けさせた上で、未来において社会の「支え手」としてより有用な存在になることを障害者に対して強く要請するレトリックとして機能する恐れがある。ここに、既存の不均衡を温存させるだけでなく、社会的有用性を基準とした新たな不均衡が生み出される契機を読み取り、警戒しておく必要がある。そして、その危険性は、新自由主義的な価値観が浸透している現代社会においてより一層高まっている。次節では、この点に焦点をあてて議論したい。

6　共生社会の両義性

第4節および第5節では、「UD 2020」でイメージされている共生社会の中身に着目し、一見通りのよい表現を隠れ蓑に、現に存在する不均衡が不可視化され続ける危険性とそうした不均衡が社会的有用性を基準に拡大・再生産する危険性を指摘した。本節では、とりわけ後者の危険性について、新自由主義的な価値観の浸透と関連づけながら示すことで、オリンピック・パラリンピック東京大会を契機として、どのような社会の形成が進行しているのかについて考えたい[19]。

新自由主義的な経済や社会のあり方については、すでに多くの論者による議論の蓄積がある。菊地（2019）はその特徴を次の四点に整理している。

①民営化・資本主義の論理の拡大：金融規制緩和、競争・格差の増大、労働のフレキシビリティ
②公共性の変質：福祉の契約主義、ワークフェア政策
③社会的連帯の喪失
④新保守主義の登場：反動ではなく補完

菊地によれば、新自由主義社会とは、これらの特徴を「『効率』や『利益』『経済発展』のために有用な変化」(pp. 3-4) として捉える言説様式が支配的となった社会のことである。上記四つの特徴のうち、とりわけ①と②は、富と収入の下層から上層への再分配を生じさせる (Duggan 2003)。こうした再分配のあり方をデビッド・ハーヴェイは「略奪による蓄積」と呼んだ (Harvey 2005=2007)。

このように、新自由主義の特徴は、政治 (あるいは社会政策) が市場経済 (あるいは大企業) のために機能する点にあるが (フーコー 2008)、実はそれにとどまらない。新自由主義は、政治が市場経済の原理を積極的に取り込むという特徴も有している (羽生 2020)。この点をふまえた時、「ＵＤ 2020」において政府が掲げる共生社会の実現という目標が、新自由主義的な言説空間においてどのような効果をもたらしうると考えられるだろうか[20]。

すでに見てきたように、「ＵＤ 2020」において描かれる共生社会には、「すべての人がお

互いの人権や尊厳を大切にし支え合い」「生き生きとした人生を享受することのできる」社会と「多様な個人の能力が発揮され」た「活力ある社会」という二つの異なるイメージが含まれている。つまり、人権擁護と社会的有用性という二つの観点が奇妙にも同居しているのである。だが、現代社会において、両者は同程度の力をもった言説として存在しているわけではない。むしろ、新自由主義的な社会政策においては、後者を強調する言説の方がヘゲモニーを獲得しやすくなっている。このため、より多くの人びとの参加や協力や理解を促すためには、人権擁護（や差別禁止）の言説は不十分で、ときに反発を招くとされ、社会的有用性をアピールする共生社会理解が幅を利かせる。「能力発揮」や「役に立つ」といったフレーズが多用されるのはこのためである。

厄介なことに、こうしたフレーズは、社会的有用性を重視する側（企業や財界だけでなく、行政や国）にとってだけでなく、人権擁護を重視する側にとっても都合のよいものである。というのも、「障害者も（合理的配慮さえ提供されれば）能力発揮できる／役に立つ」というイメージが広まれば、障害者に対する偏見が弱まり、彼ら／彼女らを社会の一員として包摂しようとする機運が高まると期待できるからである。しかし「障害者も能力がある／役に立つから包摂すべきである」という主張は、ある人をその社会の一員として認めるかどうかを、その人の能力や有用性によって判断する選別の論理を強化し、正当化しかねない。こうした選別の論理は、「能力のない／役に立たない」人ならば社会から排除してしまっても構わないという排除の論理と表裏一体であり、この点で共生社会の理念と大きく矛盾する。

こうした排除の論理を安易に繰り返さないためには、何が必要だろうか。ひとつは、「UD 2020」で示された共生社会の中身を、本書のいう「社会モデル」の視点、すなわち現行の社会の不均衡と障害者の困難とを結びつける理解（「発生メカニズムの社会性」）にもとづき解釈することが求められる。たとえば、障害者の「能力発揮」という一見通りのよいフレーズについても、それを無前提に良いこととして受け入れるのではなく、既存の不均衡な構造の中で、「能力」とみなされるものとみなされないものとの間の線引きがどのような力学において決定されているのかという問いを立ててみる必要がある。すると、一般的に「能力」とみなされている資質は、たとえそこに多様な要素が含まれているとしても、基本的にはその社会のメインストリームにおいて「望ましい」とされている資質であったり、メインストリームのあり方と適合的な資質であったりすることがわかる。また、同じ構造のもと、障害者を含む社会的マイノリティ、すなわち何らかの側面で（人によっては複数の側面で）メインストリームに適合的でない人びとが独自につくり上げてきた文化、生き方、振る舞い等に反映される特徴は「望ましくない」ものとして否定的に価値づけられ、時に社会的制裁の対象とされてきた歴史があることにも気づかされる。[21] マジョリティ－マイノリティ間の力の不均衡が「能力」の定義にも影響を与えているというこうした事実を考慮に入れた時、障害者の「能力発揮」を推奨する言説を、無邪気に称揚することは躊躇われるだろう。なぜならそうした言説はそれ自体が、彼ら／彼女らのマイノリティ性を完全にではないにせよ部分的に否定することによって成り立っているものだからである。

「社会モデル」の障害理解は、現行の社会の特質の理解なしには決して成立し得ない。「社会モデル」の提唱者であるマイケル・オリバーが、資本主義社会が必要とする個人主義イデオロギーとの関連で障害カテゴリーの構築を論じたように（Oliver 1990=2006）、社会はその時々の歴史的状況の中で、特定の身体や能力を必要とし、それに適合的でない身体や能力から価値を奪う。そうした構造によって生じる困難の「発生メカニズムの社会性」を深く理解するためには、現在の、そしてこれからの社会が人びとに何を要求し、何であることを期待するのか、批判的に見極める視点が不可欠である。

こうした問題意識のもと、本章では「ＵＤ 2020」で示された共生社会のビジョンに潜むいくつかの危うさにあえて言及した。もしオリンピック・パラリンピック東京大会を契機として推進されてきた共生社会の内実が、新自由主義的な性質を色濃く帯びたものであるならば、この時代における障害者の困難は、「能力発揮」や「生産」、「貢献」といった観点からよりいっそう否定的に価値づけられることで生じる可能性がある（Campbell 2012, Soldatic & Meekosha 2018）。

そうした価値づけの営為そのものを障害者の困難を生じさせる社会的障壁と捉え、その解消に向けた実践へとつなげていくために、どのような回路を見出せるだろうか。その探求の成否は、未来ではなく現在の「社会」についての的確な洞察に懸かっているのである。

■注

1 「ユニバーサルデザイン2020行動計画」の全文は、以下のサイトに掲載されている。https://www.kantei.go.jp/jp/singi/tokyo2020_suishin_honbu/ud2020kkkaigi/pdf/2020_keikaku.pdf

2 オリンピック・パラリンピック等経済界協議会「心のバリアフリー普及に向けた行動に関する宣言」(二〇一八年)

3 これは日本語にしかない表現だが、意味合いとしては、英語のattitudinal barriersに近い。

4 ノーマライゼーションとは、障害者が置かれている住居、家族、職業、教育及び余暇などの生活条件を可能なかぎり非障害者のそれと同じようにしていくことを指す。デンマーク社会省のニルス・エリク・バンクーミケルセンによって提唱された考え方で、その後、スウェーデンのベンクト・ニィリエによって実態を伴う概念として展開された。詳細は、花村(1998)やベンクト・ニィリエ(1998)を参照。

5 宇都宮市のホームページに掲載されている「皆さんにはありませんか『心』のバリア」(https://www.city.utsunomiya.tochigi.jp/shisei/machizukuri/fukushi/1009406.html)から引用

6 平成一七年に松戸市から発行された「みんなでつくろう バリアのないまち まつど:松戸市交通バリアフリー基本構想」(https://www.city.matsudo.chiba.jp/kurashi/douro/barrierfree/kihonkousou.files/3kokoro.pdf)から引用

7　第一〇期東京都福祉のまちづくり推進協議会第一回専門部会（平成二六年一二月一一日開催）で配布された資料「思いやりの心を醸成するための心のバリアフリーの推進に向けて」（http://www.fukushihoken.metro.tokyo.jp/kiban/machizukuri/suisinkyo/dai10ki/10_bukai_1_giji.files/20141211_03.pdf）から引用

8　ここで使われている「差別」という言葉は、主に人々の中にある「差別意識」を指しており、ＵＤ2020で明記された社会的な処遇としての「差別」の問題とは区別して考えるべきである。

9　障害疑似体験については、障害者が人生全般にわたる期間を通じて累積的に経験する社会的・心理的困難に焦点を当てることができないことが批判されており（French 1996）、障害の多様な状態を再現することが技術的に困難であること、短時間の体験と固定した状態との間には質的な差異があること、障害の可変性（症状の不安定性や進行）を体験することが困難であることなどの問題が指摘されている（福島 1997）。また、この方法では、心身機能の制約により「できなくなる」という自らの体験をもとに、障害者が日常的に直面する困難を想像・類推することになるため、障害者の能力が低く見積もられがちであること、その結果、かえって障害者に対するネガティブな態度変容を促す可能性があることが指摘されている（Silverman et. al. 2015）。「心のバリアフリー」の取り組みにおいて多用されてきた障害疑似体験に対し、こうした批判がなされてきた点をおさえておくことは重要である。

10　こうした障害認識は「個人的悲劇理論（personal tragedy theory）」（Oliver 1996）とも呼ばれる。

11　「理解」という名のもとでなされるこうした「他者化」と「見下し」は、近年ブームの様相を呈している、性的マイノリティ（いわゆるＬＧＢＴ）への理解促進にも見られる。そこでは、性的マイノリティについての理解が、彼ら／彼女らの存在を「認めるか／認めないか、受け入れるか／受け入れないか」という問いに横滑りしがちである。しかし、誰かが認めようが認めまいが、受け入れようが受け入れまいが、性的マイノリティはすでに社会の中に存在し、ずっと暮らしてきたのである。それにもかかわらず、「認める／認めない、受け入れる／受け入れない」という問いが中心になってしまうこと自体、性的マイノリティを自分たちとは異なる「特殊な人びと」として「他者化」し、多数派が認めなければ社会に存在してはならないかのように語っていることになる。そこに、多数派の傲慢さや少数派への「見下し」を感じ取る性的マイノリティ当事者は多い。

12 「UD 2020」を受け、内閣官房では「心のバリアフリー」のための各種プログラムや教材を取りまとめ、ホームページで公開している（http://www.kantei.go.jp/jp/singi/tokyo2020_suishin_honbu/udsuisin/program.html）。

13 新パラダイムへの移行が十分に進んでいない理由としては、そもそもこのパラダイムシフトが知られていない（あるいは正しく理解されていない）ということもあるが、我々の社会において「個人モデル」的な障害認識がいかに根強く「常識的」なものになっているのかということを示唆してもいる。

14 「UD 2020」には、「過去において、障害のある人が受けてきた差別、虐待、隔離、暴力、特別視は共生社会においてはあってはならないものである」という記述がある。

15 この問題は、一般に「ユニバーサルデザイン」と「バリアフリー」の理念の間に生じる緊張関係とパラレルである。ユニバーサルデザインのアプローチは、人々の多様性を考慮しつつ普遍性を志向するものだが、共約可能なニーズの強調によって個別のニーズの特殊性・固有性が過小評価されたり、社会における集団間（たとえば健常者と障害者）の権力関係を不可視化することにつながる恐れもある。一方で、個別具体的な問題状況に焦点化するバリアフリーのアプローチは、障害者等のマイノリティのニーズがきわめて不十分な形でしか配慮されてこなかった結果、バリアが偏在的に温存されてしまっていることに注意を促す（星加 2012a, 2012b）。

16 さらに深読みすれば、問題を普遍化することによって、マジョリティの側もまた困難や不利を経験している存在だとして異議申し立ての資格を手に入れることが可能になり、相対的にマイノリティの主張を希釈化することができる。このようにして「不利益をめぐる政治」（星加 2007）が展開されると、既存の社会構造において有利な立場にあるマジョリティの利害が優先されることになる。

17 こうした言説は企業活動以外の場でも用いられる。その一例として、文部科学省の「障害者活躍推進プラン」をあげることができる。ここでは、推進プランの目的が「『共生社会』の実現に向けた取組を加速し、より積極的に障害者の活躍の場の拡大を図る」こと、「障害者が個性や能力を生かして我が国の未来を切り開く」ことに置かれている（https://www.mext.go.jp/content/1413125_02_1.pdf）。

18 「ＵＤ2020」における以下の記述も、こうした文脈で解釈することができる。

「交通・観光・外食等を含めた幅広い分野の企業が、身体障害（聴覚・視覚・内部障害、肢体不自由等）、知的障害、精神障害（発達障害を含む）等様々な障害のある人（身体障害者補助犬を同伴する人を含む）が活躍しやすい環境づくりに向けて、経営者から現場の社員まで、一体となって「心のバリアフリー」に取り組むことが期待される」

19 実は「ＵＤ2020」の策定は、政府が「一億総活躍社会」を掲げ始めた時期と重なっている。二〇一六年六月、当時の安倍晋三政権は、「経済成長の隘路の根本にある少子高齢化の問題に真正面から取り組む」ため、「ニッポン一億総活躍プラン」を閣議決定した。ここでいわれる「一億総活躍社会」とは、

・若者も高齢者も、女性も男性も、障害や難病のある方々も、一度失敗を経験した人も、みんなが包摂され活躍できる社会。

・一人ひとりが、個性と多様性を尊重され、家庭で、地域で、職場で、それぞれの希望がかない、それぞれの能力を発揮でき、それぞれが生きがいを感じることができる社会。

と説明され、「希望を生み出す強い経済」、「夢をつむぐ子育て支援」、「安心につながる社会保障」の「新・三本の矢」の実現を目的としたものだった（首相官邸ウェブサイト「一億総活躍社会の実現」）。また、「一億総活躍社会」と並んで打ち立てられたのが「人生一〇〇年時代構想」であり「働き方改革」だったことからもわかるように、この時期の政府文書において多様性が称揚されたのは、日本の少子高齢化を解決し、経済成長を可能にするためだった。こうした社会的文脈が、「ＵＤ2020」の目的や内容に大きな影響を与える可能性があることを注記しておきたい。

20 本項で焦点をあてる「有用性」をめぐる言説は、新自由主義の特徴に関する菊地の整理のうち、①民営化・資本主義の論理の拡大と、それによって生じる②公共性の変質と深く関係する。本章では取り上げないが、「ＵＤ2020」における「共生社会」のイメージは、社会的連帯を「有用性」の観点から再び取り戻そうとする試みとし

21　て（③に関連）、あるいは新保守主義の隠蔽として（④に関連）批判的に捉えることも可能である。

たとえば、アメリカ合衆国で新自由主義的な社会政策が台頭した一九八〇年台後半から一九九〇年代に「アメリカ的」価値観をめぐり起きた「文化戦争（Culture Wars）」では、当時政権与党であった共和党保守派の政治家たち（より正確には、彼らの支援者である宗教右派団体）が「価値がない」と判断するアート作品への公的助成の使用が大幅に制限された。そうした流れの中で、一九八九年に、同性愛やSMといった非規範的な性のあり方をテーマにしたロバート・メイプルソープの展覧会が中止されたことは有名である（Morrisroe 1997=2001）。この事例は、ある社会の中で何に価値があり何にはないとするのかを決定する権力と、価値がないとされたものへの公的助成・公的支援を否定する力が、新自由主義的な言説空間において相互に補強し合うことを如実に示している。同様の現象は、あいちトリエンナーレ2019で起きた『表現の不自由展』および「平和の碑」の展示中止にも見ることができる。

■文献

ベンクト・ニィリエ（河東田博、橋本由紀子、杉田穏子訳編）1998『ノーマライゼーションの原理』現代書館
Campbell Fiona. K. 2012 "Stalking Ableism: Using Disability to Expose 'Abled' Narcissism," D. Goodley et al. eds. *Disability and Social Theory: New Developments and Directions*, Palgrave Macmillan.
Dugan, Lisa. 2003 *The Twilight of Equality?: Neoliberalism, Cultural Politics, and the Attack on Democracy*, Beacon Press.
フーコー、ミシェル 2008『生政治の誕生　コレージュ・ド・フランス講義　1978-79年度』槙改康之訳、筑摩書房
福島智 1997『盲ろう者とノーマラーゼーション――癒しと共生の社会を求めて』明石書店
花村春樹訳・著 1998『「ノーマリゼーションの父」N・E・バンク－ミケルセン』（増補改訂版）ミネルヴァ書房
羽生有希 2020「合理的なパニック――新自由主義による性の政治の読解に向けて」『現代思想』48（4）：131-138.
Harvey. David. 2005 *A Brief History of Neoliberalism*, Oxford University Press.（＝2007 渡辺治監訳『新自由主義』作品社）

星加良司 2007『障害とは何か――ディスアビリティの社会理論に向けて』生活書院
――― 2012a「バリアフリー」大澤真幸・吉見俊哉・鷲田清一編集委員／見田宗介編集顧問『現代社会学事典』弘文堂
――― 2012b「ユニバーサルデザイン」大澤真幸・吉見俊哉・鷲田清一編集委員／見田宗介編集顧問『現代社会学事典』弘文堂
――― 2015「バリアフリー教育を授業に取り入れる」東京大学教育学部カリキュラム・イノベーション研究会編『カリキュラム・イノベーション――新しい学びの創造へ向けて』東京大学出版会
Ignatieff, Michael. 1984 *The Needs of Strangers*, London: Chatto and Windus.（= 1999 添谷育志・金田耕一訳『ニーズ・オブ・ストレンジャーズ』風行社
菊地夏野 2019『日本のポストフェミニズム――「女子力」とネオリベラリズム』大月書店
内閣府 2009『平成二一年度障害者施策総合調査』
Morrisroe, Patricia 1997 *Mapplethorpe: A Biography*, Boston: Da Capo Press.（= 2001 田中樹里訳『メイプルソープ』新潮社）
Oliver, Michael. 1990 *The Politics of Disablement: A Sociological Approach*, New York: St. Martin's Press.（= 2006 三島亜紀子他訳『障害の政治――イギリス障害学の原点』明石書店）
――― 1996 *Understanding Disability: From Theory to Practice*, Macmillan.
Retief, Marno. & Letšosa, Rantoa. 2018 'Models of disability: A brief overview', *Theological Studies*, 74（1）: 1-8.
Silverman Arielle. M., Gwinn Jason. D. & Van Boven L. 2015 'Stumbling in Their Shoes: Disability Simulations Reduce Judged Capabilities of Disabled People,' *Social Psychological and Personality Science*, 6（4）: 464-471.
Soldatic, Karen. & Meekosha, H. 2012 "Disability and Neoliberal State Formations," In Watson, Nic., Alan Roulstone & Carol Thomas eds. *Routledge Handbook of Disability Studies*, New York: Routledge: 195-210.
東京都福祉保健局 2017『「心のバリアフリーに関する事例収集及び意識調査」報告書』
徳田克己・水野智美編 2005『障害理解――心のバリアフリーの理論と実践』誠信書房

第3章

性の権利は障害者の味方か？

飯野由里子

1　性の権利と「社会モデル」

「いかがわしくあってはいけない障害者の性――〝差別撤廃〟か〝部分的権利保障〟か」において、要由紀子（2018）は、障害者の性に関わる支援を提供している日本の代表的な団体としてNPO法人ノアールと一般社団法人ホワイトハンズの二つをとりあげ、両者を比較している。[1] これら二つの団体は、身体障害をもつ男性に対し、マスターベーション介助／射精介助を提供しているため、多くの人の目には似通っているように見える。だが要は、両者が障害者の性に対してとる立場は大きく異なっており、支援内容にもその違いが反映されていると主張する。

彼女によれば、ノアールの目的は、障害者の社会参加の促進や人権の確立にある。このため、マスターベーション介助においても「障害者自身でできる領域を広げる」ことを重視している。ノアールが「なるべく障害者自身の手でマスターベーションをしたり、自助具の利用動作を行なうことを基本姿勢とし、自助具の開発や改良、環境コーディネート[2]といった『中間支援』」に重きを置くのはこのためである。もちろん、ホワイトハンズも「障害者の性に関する尊厳と自立の保護」をうたってはいる。しかし要によると、この団体が重視するのは「定期的な射精介助による性機能の健康管理[3]」であるため、マスターベーション介助において障害者本人の主体性が十分に考慮に入れられていない。すなわち、「『女性ケアスタッフ』が手袋をした手で（男性障害者の：引用者注）性器を刺激して射精させる」のみで、ノアールが重視するような「中間支援」は提供されていない。以上のような比較を通して要は、ホワイトハンズは障害者の「性の権利」に対し「特別な固有の限定的／部分的権利保障」の立場をとっているに過ぎないと批判する一方、ノアールは障害者の「性の権利が保障されない社会編成自体を問い返す視点」から「差別撤廃」を目指していると評価する。

さて、この論考の中で要自身は「社会モデル」という用語を用いていない。だが、彼女が示唆しているのは、障害者の性の権利（sexual rights）を「社会モデル」的な視点から分析することの重要性である。では、その時、彼女が念頭に置いている性の権利とは、いったいどのような権利を含むのだろうか。この点について、要は二〇〇一年に世界保健機構（WHO）の総会で承認されたICFの「国際生活機能分類――国際障害分類改訂版」から抽出される性に関する項目をひきながら説明しているが、これはやや問題含みである。というのも、ICFは、「個人モデル」と「社会モデル」を統合したものとして知られているが、実際には前者の視点が強く、社会的障壁に重きを置いて障害の発生原因を分析するという後者の視点は不十分だからである。性の権利を「社会モデル」の視点から捉え直すのであれば、ICFの枠組みから距離を置いた議論を立てる必要がある。

また、権利概念と「社会モデル」の関係についても、若干の整理を要する。一般的に、障害者を含む社会的マイノリティはオーソドックスな権利概念から排除されてきた存在である。だからこそ、マイノリティの社会運動は、既存の権利の枠組みと射程を編成し直すことで、自らの集合的ニーズを権利という言葉に翻訳し直してきた。この作業にあたり、障害者運動で重要な役割を果たしてきたのが「社会モデル」の視点である。たとえば、障害者権利条約二〇条では、障害者の文化的な生活に参加する権利の保障のため、障害のない人を前提に提供されている既存のサービスや施設を、障害者にとってもアクセス可能なものとしなければならないとの認識が示されている（三〇条五）。これは、アクセシビリティの確保が、人の基本的権利のひとつである文化への権利の前提条件であるという洞察にもとづく。[4]

しかし、これは同時に、権利という言葉で翻訳しにくい問題が、社会運動のアジェンダ設定から外されやすいことを意味する。事実、障害者の性をめぐる問題は、性の権利が比較的最近になって登場した概念であることに加え、障害者運動や障害学が公的領域での権利獲得を重視してきた歴史もあいまって、運動の中心的なテーマにはなりにくい。一九九〇年代後半以降、障害者の性の権利の実現を阻害する社会的障壁の存在とそれらの除去に関する議論が増えつつあるが、性の権利と「社会モデル」の関係に焦点をあてた議論はいまだ不十分である。そこで本章は、障害者の性に関する先行研究を性の権利をめぐるより広い議論の中に位置づけなおすとともに、それらがどのような偏りを含んでいたのかを明らかにする（第2節、第3節）。その上で、それら認識論上の偏りを是正するために必要な視点を提示し、障害者の性の権利を「社会モデル」の視点から議論することの意義を確認したい（第4節、第5節）。

2　性の権利とは何か？

性の権利は、一九九〇年代初頭から、主に女性の人権に関わる取り組みの中で発展してきた概念である（Petchesky 2000; Saiz 2005; Sheill 2009）。その出発点のひとつとしてよく指摘されるのが、一九九四年にカイロで開催された国際人口開発会議（ＩＣＰＤ）で提唱された

「リプロダクティブ・ヘルス／ライツ」（性と生殖に関する健康・権利）概念である。[5] この概念は、翌年一九九五年に北京で開催された第四回世界女性会議（北京会議）において、すべての個人とカップルが有する人権の一部であるとされた。この会議で採択された「北京行動綱領[6]」には、リプロダクティブ・ヘルスの意味を「人々が安全で満ち足りた性生活を営むことができ、生殖能力をもち、子どもを産むか産まないか、いつ産むか、何人産むかを決める自由をもつこと[7]」とした上で、リプロダクティブ・ライツを以下のように定義する。

リプロダクティブ・ライツは、国内法、人権に関する国際文書、ならびに国連で合意したその他関連文書ですでに認められた人権の一部をなす。これらの権利は、すべてのカップルと個人が自分たちの子どもの数、出産間隔、ならびに出産する時を責任をもって自由に決定でき、そのための情報と手段を得ることができるという基本的権利、ならびに最高水準の性に関する健康およびリプロダクティブ・ヘルスを得る権利を認めることにより成立している。その権利には、人権に関する文書にうたわれているように、差別、強制、暴力を受けることなく、生殖に関する決定を行える権利も含まれる（パラグラフ95）。

性の権利は、ここで示された「差別、強制、暴力を受けることなく、生殖に関する決定を行える権利」と密接に関係するものとして理解されてきた。たとえば、北京会議の二年後の一九九七年に出された「女性に対する暴力に関する特別報告書」（United Nations Economic and Social Council 1997）で、当時の国連事務次長ラディカ・クマラスワミは「異性愛以外のあり方でセクシュアリティを生きる女性」に初めて言及し、彼女たちに対する暴力は「コミュニティによって承認されていない方法で性の自己決定（sexual autonomy）を行使したために女性に課されたより広範囲の暴力の一部」とみなすとした。さらに一九九九年の特別報告書では、性の権利は女性の人権の「最後のフロンティア」であると断言し、「性と性の自己決定に関する権利」の輪郭を描こうとした（United Nations Economic and Social Council 1999）。

以上のような経緯を経て肯定的に理解されることになった性の権利は、現在どのような概念として定義されているのだろうか。二〇〇二年にＷＨＯが示した暫定的定義（working definitions）は、「性の権利は、国内法、国際的な人権文書およびその他の合意文書ですでに認識されている人権を擁護する」とし、その具体的内容を次のように示している。

> これら（性の権利：引用者注）は、強制、差別、暴力を受けることなく、
> 性に関連して達成可能な最高水準の健康（性の健康を含む）
> 性に関連する情報を得ようとし、受け取り、伝達すること

性教育
身体の統合性に対する尊重
パートナーの選択
性的にアクティブであるかないかの決定
合意の上の性的関係
合意による結婚
子どもをもつかどうか、またいつもつかの決定
満足のいく、安全で楽しい性生活の追求
に対し、すべての人がもつ権利を含む」(Girard 2004: 5)。[8]

この定義に即して、第1節で取り上げたホワイトハンズとノワールの取り組みを振り返ってみよう。すると、ホワイトハンズが重視する「性機能の健康管理」は性の権利に含まれるごく一部の要素でしかないことがわかる。したがって、ホワイトハンズは障害者の性の権利に対し「限定的/部分的権利保障」の立場をとっているとする要の評価は妥当である。だがノアールも、現在の活動内容を見る限り、「性に関連する情報を得ようとし、受け取り、伝達すること」や「満足のいく、安全で楽しい性生活の追求」に関わる支援等、WHOが示し

た性の権利の一部に焦点をあてた支援を提供しているに過ぎない。この点で、ホワイトハンズほどでないとはいえ、ノアールの活動も限定的／部分的である。にもかかわらず、要がノアールを評価しているのは、この団体がこうした限定性を自己内省する態度をもち、それを生じさせている社会規範や社会制度を問う視点を有しているからだろう。

ここまで見てきたように、主に女性の人権に関わる取り組みの中で一九九〇年代に発展した性の権利概念は、一九九〇年代後半になると、障害者の性について論じる上でも重要なものになっていく。実際、障害者の性のポジティブな側面を描くことを目的に、一九九七年に出版された『ディスアビリティの性政治——語られざる欲望』（*The Sexual Politics of Disability: Untold Desire.* 以下、ＳＰＤ）は、その冒頭で「本書は障害者の権利の観点から障害者の性の政治を考察した最初の書籍である」（Shakespear et al. 1997: 1）と高らかに宣言した。また、その最終章において「この本のインスピレーションのひとつ」としてケン・プラマーの『セクシュアル・ストーリーの時代』（1995）をあげ、プラマーが示した性的市民権（sexual citizenship）の概念[9]に触れ、障害者運動も性的市民権の実現を視野に入れるべきだと主張した（ibid.: Chap.8）。

以降、約二〇年をかけて、障害者の性は、障害学の分析対象としても位置づけられるようになっていった。その際、もっとも重視されてきたのは、障害者の性の自由を阻害する社会的障壁の特定である。この意味で、障害者の性に関する障害学的な議論は、基本的に本書のいう「社会モデル」の認識論に根ざしたものになっているといえる。では、これらの議論には何の問題もないのだろうか。この問いに応えていく際に重要になるのが、障害学の議論は、実践的な学問であろうとするがゆえに、解消しやすい社会的障壁により大きな比重が置かれがちであるという星加（2013）の指摘である。この指摘をふまえると、障害者の性をめぐる議論においても、同様の偏りが生じていたことがわかる。次節では、障害者の性を取り上げた主要な先行研究を概観し、この点について確認してみたい。

3 「ホットでセクシーであることができる権利」

本節では、障害者の性に関する議論の中にある偏りを明らかにすることを目的に、障害学の先行研究の検討を行う。その際、国連（本章第2節）やアカデミアでの議論をふまえながら、性の権利を構成する要素を特定しようとしたダイアン・リチャードソンの枠組みを参照する。

国連同様、アカデミアで性の権利が重要なテーマとして注目されるようになったのは一九九〇年代である。[10] アカデミアにおける議論の大きな特徴のひとつは、性の権利を女性の人権という国連の議論が主軸としていた文脈を超え、より広い範囲の人びとに関わる問題として捉えた点にある。なかでも性的マイノリティが有する性の権利は、一九九〇年代に熱心に議論されたテーマのひとつである。

リチャードソンは、女性や性的マイノリティの性の権利をめぐり一九九〇年代に蓄積されたこれら議論を「性的実践（Sexual Practice）に関わる権利」「性的アイデンティティに関わる権利」「性的関係に関わる権利」の三つに区分した上で、各区分がさらにどのような権利によって構成されるのかを整理している（Richardson 2000: 107-108）[11]。表1は、彼女が整理した権利の一覧表である。各権利の具体的内容をイメージしやすくするため、第2節で紹介したＷＨＯの二〇〇二年の定義の中からそれぞれに対応すると考えられるものを選び、並べている。だが、たとえば「性教育」はその内容に応じて1、2、3のいずれの区分にも関係しうるなど、この表で示した対応関係が固定的でない点は留意してほしい。

また、リチャードソンによる三つの区分は、あくまでも概念上のものであり、個々の日常実践ではそれぞれが相互に関連しあったかたちで経験されることはいうまでもない。たとえば、同性間の性交渉が法律で禁止されていたり（１ａが保障されていない）、同性間のパートナーシップ関係が法的・制度的な保障の対象外とされている（３ｃが保障されていない）社会では、自分自身を異性愛ではない人間として自己定義・自己表現することが困難である（２ａや２ｂが十分に保障されていない）。同様に、子どもをもつかどうか、またいつもつかの決定

表1　性に関わる三つの権利

区分	構成要素	WHO（2002）
1. 性的実践に関わる権利	a. 性的活動に参加する権利 b. 性的快楽に関わる権利 c. 性的な（また再生産の）自己決定に関わる権利	性に関連して達成可能な最高水準の健康（性の健康を含む） 性に関連する情報を得ようとし、受け取り、伝達すること 満足のいく、安全で楽しい性生活の追求 子どもをもつかどうか、またいつもつかの決定 性教育
2. 性的アイデンティティに関わる権利	a. 自己定義に関わる権利 b. 自己表現に関わる権利 c. 自己実現に関わる権利	身体の統合性に対する尊重 性的にアクティブであるかないかの決定
3. 性的関係に関わる権利	a. パーソナルな関係での性的実践に同意する権利 b. 性的なパートナーを自由に選ぶ権利 c. 性的関係の公的な承認に関わる権利	パートナーの選択 合意の上の性的関係 合意による結婚

等に関わり女性がもっているはずの権利が十分に認められていない（1cが十分に保障されていない）社会において、合意の上の性的関係や合意による結婚に対する権利が損なわれがちである（3aや3bが保障されにくい）ことは容易に想像がつく。

さて、以上紹介したリチャードソンの区分に照らして障害者の性に関する障害学の主要な議論を吟味すると、それらが1に焦点をあててきたことがわかる。以下、典型的な議論をいくつか取り上げよう。

最初に取り上げるのは、物理的障壁を指摘した議論である。この議論では、障害者が街を移動したり、街にある特定の建物を利用したりすることを妨げている物理的障壁が、彼ら／彼女らから教育を受けたり、職に就いたり、余暇を楽しんだりする機会を奪うだけでなく、性的実践の機会も得にくくしていることが指摘される。ここでいわれる性的実践の機会には、一般的に、ホワイトハンズが重視する「性機能の健康管理」や、それよりも広い意味をもつ「性に関連して達成可能な最高水準の健康」が含まれる。しかし、多くの文献で言及されるのは、性的なパートナーと出会う機会や、そうした相手と親密な関係を深める機会である。

公的領域に存在する物理的障壁が、私的領域に関わる性的実践の機会を制限することになるのは、私的領域の象徴であるはずの「家庭」が、親元で暮らさざるを得ない障害者や日常生活をまわしていく上で他者の介助を必要とする障害者にとってプライバシーの存在しにくい場であり続けてきたという事実が深く関わっている。[12] もちろん、家庭におけるプライバシーの確保は、障害の有無に関係なく、多くの若者（とりわけ一人部屋などをもつことができない社会階層の若者や性的マイノリティの若者）にとっても大きな課題である。だからこそ、こうした若者たちの文化では「プライバシー・イン・パブリック」（公的領域の中につくられる性的親密性が可能な空間）の創造（清水 2005: 146-148）がさまざまなかたちで実践されてきた。だが、物理的障壁の存在は、障害者がこうした実践に参加するために公的領域にアクセスすることと自体を難しくする。結果、非障害者と比べて障害者は、性的な親密性を可能とするプライベートな空間の創造・確保が困難な位置に置かれてきたのである。

だが、物理的障壁によってもたらされるのは、物理的な空間からの排除だけではない。倉本（2005）は、教育や就労の機会が制限されていることで、障害者は性的なパートナーと出会う機会だけでなく、そうした相手を得るために必要なリソース（たとえば学歴や所得、外見的な魅力）にもアクセスしにくく、結果的に、「恋愛市場」で不利な位置に置かれやすいと主張する。この議論は、個々の社会的障壁の特定にとどまらず、複数の障壁の累積や連動によって生じる構造的な不均衡を示唆している点で重要である。

同時に、こうした議論を立てる際には、構造的不均衡を維持・再生産する社会規範や文化的価値（たとえば、性的パートナーとしての「望ましさ」に関わるもの）がセクシズムやレイシズム、さらには能力主義にもとづく不平等を内包していることが意識されなければならない。したがって、性的実践をめぐり障害者－非障害者間に存在する構造的不均衡を批判する障害学には、一方でこれら社会規範・文化的価値を相対化しつつ、他方で非障害者との平等を実現するために必要なリソースへのアクセス権を求めていくという二重の作業が求められる。この点は、先行研究においてもすでに指摘されている。たとえば、シェイクスピアは、多くの障害者はジェンダーやセクシュアリティに関する既存の規範を無批判に受け入れ、それに沿って自らの性を表現・追求する「ノーマライゼーション」のアプローチをとることで苦しんでしまうと指摘し、性的活動や性的魅力、男性性や女性性に関する支配的な考え方そのものに挑戦していくことで、障害者の性のポジティブな可能性をひらいていく道を提案する(Shakespeare 2000: 163)[13]。

ここまで見てきた、性的なパートナーとの出会いやそのために必要なリソースを得ることの難しさの他、障害学では、性産業が障害者(とりわけ障害男性)にとって利用しにくくなっていることも議論の俎上にあげられてきた(Sanders 2007, 2008)。これらの議論では、性的実践に関わる権利のうち、性的なサービスや商品の消費に関わる権利と、その行使を阻害している社会的障壁が特定される。そこには、性的なサービスや商品を提供している店舗にある物理的障壁、提供する側に根深く存在する障害者への偏見や差別意識といった意識上の障壁、特定の性的サービスの売買が違法とされているなどの制度的障壁が含まれる。

リチャードソンは、性的なサービスや商品の消費に関わるこれら権利を性的活動に参加する権利と区別し、性的快楽に関わる権利(The right to pleasure)と呼ぶ(表1)。ただし、両者の間に優劣や優先順位の違いを設けているわけではない。そのことは、彼女が性的快楽に関わる権利のその他の事例として、一九六〇年代の性の解放運動やフェミニズム運動による性の二重基準に対する批判をあげていることからもわかる(Richardson 2000: 113)。とはいえ、彼女は、性的快楽に関わる権利に関する議論が個人の自由や消費者としての市民を強調しがちである点、それによりこの権利が消費者としての市民が有する権利の延長線上での議論に終始してしまう点にはやや慎重な立場をとっている。

障害学において性的快楽に関わる権利は、性的介助をめぐる議論（Earle 1999; Shildrick 2007）において主張されることがある。日常的に他者からの介助を必要とする重度障害者の場合、表1の1aの実質的な保障においても、1bの実質的な保障においても介助を必要とする。第1節で紹介したノアールの「中間支援」はそうした介助の一例として理解できる。現在、日本の福祉制度では、いずれの場面で必要な介助も公的支援の対象外だが、相対的に1aの方が、公的支援に対する社会的な理解が得やすいことは容易に想像できる。ホワイトハンズが、自身の提供するサービスの目的を「性機能の健康管理」に置くことで1bの文脈から距離をとるのは、こうした「計算」が働いてのことだろう。「それにより性的介助に対する公的支援が得られるようになるなら、そうした方がよい」と考える立場も当然ありうる。しかし、ホワイトハンズの戦略は、保障の対象となる障害者の性の権利の範囲を極端に狭める効果を有する。ノアールや要がホワイトハンズのスタンスに批判的な立場をとるのは、このためでもある。

ここまでいくつかの先行研究をとりあげ、それらが焦点をあてる性的実践の中身を見てきた。その結果、そこには性的なパートナーとの出会いだけでなく、出会いに至るまでの社会的・経済的・文化的リソースの獲得、性的なサービス・商品の消費可能性、さらには、そこに至るまでに必要な公的支援へのアクセス等が含まれていることがわかった。これら議論には共通して、障害者が性を自由に追求できない／しにくい状態に置かれていることを問題視する視点がある。この意味でこれらは、「ホット（みだら）でセクシー（性的に魅力的）であることができる権利」（Shakespeare 2000: 164）を要求した議論だといえる。こうした要求は、さまざまな社会的障壁により性的活動や性的快楽に関わる権利を奪われてきた障害者にとってエンパワリングなものである。

だが同時に、障害学には、性をめぐる既存の社会規範や文化的価値を相対化する視点が求められるという点も忘れてはならない。たとえば、先にあげた性的快楽に関わる権利に関していえば、その実現を阻害する社会的障壁を特定し解消を要求するだけでなく、そうした社会的障壁の中にも除去されやすいものとそうではないものとがあることを認識し、その違いがどのような権力関係によって生み出されているのかが問われなければならない。とりわけ、現在の新自由主義的な政治経済のもと公的保障の範囲が縮小傾向にあることをふまえると、障害者の性の権利も、消費者の権利の問題として矮小化され語られていく可能性が高い。そのとき、市場の自助努力によって誰のどの障壁が優先的に除去され、誰のどの障壁は除去できないものとして放置されてしまうのか。あるいは、性的介助に関する議論において、誰のどのような性の権利は保障されやすくなり、誰のどのような性の権利は犠牲にされてしまうのか。「ホットでセクシーであることができる」権利の要求は、誰をエンパワリングし、誰を置き去りにしてしまうのか。

これは、障害者‐非障害者間の権力格差に着目してきたオーソドックスな「社会モデル」をさらに一歩進め、障害者間に存在する権力格差を分析するためにも用いていこうという提案でもある。その際、参照すべきもののひとつに、ジェンダーの権力関係に着目したフェミニズムの知見がある。たとえば、フェミニズムは、一九六〇年代の性の解放運動について、それが女性の身体に対する男性のアクセスの拡大をもたらした一方で、女性から性交渉を拒む権利を奪う側面を有していたことを指摘してきた（Jackson & Scott 1994: 4-5）。また、こうした認識のもと、女性が性的快楽に関する権利を主張するためには、望まない妊娠やセクシュアル・ハラスメント、性暴力や性的虐待等の恐れがないこと、また、人工妊娠中絶や避妊へのアクセスが確保されていること等の条件が整っている必要があると主張してきた。女性の人権に関する議論をふまえて作成されたＷＨＯの暫定的定義が、生殖に関する自己決定の権利を含んでいたのは、それが女性の性に関わる権利（たとえば、性的にアクティブであるかないかの決定やパートナーの選択、合意の上の性的関係や合意による結婚に対する権利）と切り離しがたい関係にあるからである。次節では、こうした複数の権利の連動性に注意を払いながら、障害者の性に関する先行研究を見ていこう。

4 性の権利の連動性

（1）性の二重基準をめぐって

本節で最初に取り上げるのは、障害女性の多くが性をめぐり直面する困難に焦点をあてた松波（2005）の議論である。松波は「障害女性の場合、そもそも自らを『性的主体』として認識することが難しい」[14]とし、その理由として性の二重基準の存在を指摘する。

性の二重基準とは、特定の性的行為の評価をめぐり、すべての人に単一の基準が適用されるわけではなく、男性用と女性用の二種類の基準が存在しており、それが男性に有利に（すなわち、女性に不利に）働く傾向にあることを指摘する際に用いられる概念である。つまり、性の二重基準が存在しているということは、男性であれば是認されるばかりか、時には称賛を受けることさえある性的行為であっても、女性の場合、不適切だとされ社会的に非難を浴びる可能性があることを意味する。

松波は、こうした性の二重基準により、「女性が自ら性的欲望を表明すれば、『女らしさ』の規範を逸脱してしまう」（p.66）と指摘する。もちろん、これは障害女性に限ったことではない。だが、彼女は「障害女性の場合、性的主体となるための壁はいっそう高くなる」とし、その理由を以下のように述べる。

女性が「性的であること」はそもそも逸脱視されるリスクを負うものだが、非障害の女性はそれをかなりコントロールできる。たとえば街の書店で「誰かに見つかったらどうしよう」と思いながらある種の雑誌を購入することは、スリリングな行為であるが、周囲はまずもって他人であるし、大したリスクではない。しかし、他者の介助が不可欠な女性障害者の場合、「逸脱視されるリスク」も、それが生活に及ぼす影響も、格段に違う(p.68)。

ここで指摘される影響の違いを例証するエピソードとして松波が取り上げるのが、脳性まひのため手足に障害をもつ小山内美智子の経験である。

たとえば小山内は、友人からもらった避妊具を部屋のなかにしまっておくことができず、結局捨ててしまったという経験を語っている。なぜなら、母親や介助者にそれが見つかるということは、自分への冷ややかな目や憶測を予想させ、明日からの自分の生活を脅かしかねないからだ(監視や行動の制限もありうる)。家族や介助者の誰か一人に「ばれる」ことが、他の家族や介助者に伝わってしまうというリスクもある。そうした負担や不安を抱えることは、日々の生活全体に影響しかねない（p.68）。

第3節で指摘したように、他者の介助が必要な状況に置かれている障害者の場合、プライバシーが確保された空間を創出・維持することは困難である。このため、自らの性的な側面を他者に目撃される可能性は介助者を必要としない人と比べて格段に高い。障害女性の場合、性的な側面が「『女らしさ』の規範」に照らして否定的に評価されることで、親や施設職員の監視の対象とされ、さらなる行動の制限を受ける危険性がある。あるいは、介助者から警戒・敬遠され、日常生活に必要な人手を失ってしまう危険性もある。そうした「危険性」を回避するため、障害女性は性的な事柄から自らを遠ざけざるを得ず、その結果、性的な自己を認識し表現することが難しい位置に置かれてしまう。

松波の分析は、同じ障害者であっても男女によって経験が大きく異なりうること、さらには同じ女性であっても障害の有無によって経験が異なりうることを指摘した点で重要である。しかし、障害女性と非障害女性の違いを生み出しているのは、「逸脱視のリスク」をどの程度避けられるか、あるいは「逸脱視のリスク」を避けるための印象操作がどの程度可能かという点だけではない。むしろ、両者の違いは、比較的長期間にわたる社会化の過程を通して生み出されている。この点について確認するため、次に、障害者の周囲にいる人たちが性に関連してどのような働きかけを行っているのかを見ていこう。

一般的に、障害をもつ子どもの親は、自分の子どもが恋愛や性に関心を持つことを歓迎しない傾向にあるとされる（障害者の生と性の研究会 1994; 谷口 1998）。だが、親が子どもに対して働きかけるときのやり方は、男の子向けのものと女の子向けのものの二種類がある。たとえば、息子に対しては他者との関係において性的な存在であることを認めた上で特定の行為についてのみ禁止する働きかけがなされる一方で、娘に対しては他者との関係において性的な存在であることそのものを禁止するような働きかけがなされる（土屋 2005: 244-246）。同様の傾向は、ギレスピー・セルズらの調査でも明らかになっている。この調査によると、多くの障害女性が、性に関して親から障害をもたないきょうだいとは異なる取り扱いを受けてきた、すなわち、親から性的な感情をもつことや性に対する関心を示すことを期待されないまま成長してきたと回答している（Gillespie-Sells et al. 1998）。つまり、性の二重基準は障害をもつ子どもの親の行動にも強い影響を及ぼしており、それが、障害をもつ女の子に対し、性的な関心をもつこと自体を禁止する力として作用している可能性がある。

障害をもつ子どもが恋愛や性に関心をもつことを歓迎しないのは親だけではない。特別支援学校の教師や施設の職員も性に関する情報は不適切で、むしろそれらから子どもたちを守る必要があるという認識をもっていることが多く、その結果、性教育を軽視しがちである(Shakespear et al. 1997)。周囲からのこうした働きかけは、性を危険視する価値観だけでなく、障害者を性に無関係なアセクシュアルな存在とみなす社会通念からも生み出され、それを強化する。さらに、こうした社会通念が障害者自身によっても内面化される(Milligan & Neufeldt 2001)。このことは、性に関連する情報から遠ざけたり、性教育を提供しないといった、性的実践に関わる権利の否定が、アイデンティティに関わる権利(とりわけ表1の2aや2b、あるいはWHOによる定義中の「性的にアクティブであるかないかの決定」に対する権利)の否定に影響を与えていることを示唆する。

アイデンティティに関わる権利は、価値観や社会通念だけでなく、障害者が施設等で受ける介助のあり方にも深く関わっている。たとえば瀬山(2005)は、日常的に異性によるトイレ介助が行われる場合「羞恥心といった通常の成人した男女の間で起こり得る感覚を消去するために、介助する側も、受ける側も互いの性別を無化することが求められる」(p.138)と指摘し、「日常的に、男性職員のトイレ介助を受けているために、自分を『中性』だと思ってきた、つまり、自分を女性という『性的な存在』としては存在させてこなかった(こられなかった)」(p.131)という、障害女性の発言を紹介している。このエピソードからは、異性介助を許容する既存の制度[15]が、性的実践に関わる権利(とりわけ表1の1c)だけでなく、アイデンティティに関わる権利の否定（とりわけ表1の2a）にもつながりうることが指摘できる。

さらに、グロースは、近年、障害をもつ人たちがＨＩＶ感染のハイリスクグループになってきているにもかかわらず、彼ら／彼女らが感染予防教育の対象から外されがちであることに警鐘を鳴らす（Groce 2003）。つまり、性教育を受ける権利の阻害は、その他さまざまな権利（たとえば、性に関連して達成可能な最高水準の健康、性的な〔また再生産の〕自己決定に関わる権利、そして身体の統合性に対する尊重に対する権利）の侵害と連動することで、個々の障害者に具体的な被害をもたらすのである。そして、権利侵害のこうした連動性がもっとも顕著に現れる場として性被害や性暴力の問題がある。

（2）性被害・性暴力をめぐって

障害者の「ホットでセクシーであることができる権利」を主張したＳＰＤが出版される前年の一九九六年にジェニー・モリスが編集した『見知らぬ者との遭遇――フェミニズムとディスアビリティ』（*Encounters with Strangers: Feminism and Disability*: 以下、ＥＷＳ）は、障害女性が直面する性被害や性暴力の問題に障害学ではじめて言及した書籍のひとつである。その後の調査研究でも、障害女性が経験する性被害・性暴力は繰り返し明らかにされている。たとえばチェンらの調査によると、身体障害をもつ若い女性のうち約一二％が、過去に性交渉を強要された経験があると回答した。この数字は、障害のない女性の二倍だった（Cheng & Urdy 2002）。他方、ノザックらは、女性は障害をもっているかどうかに関係なく性的虐待を受けやすいとしつつ、障害女性の場合、長期間にわたって虐待を受けることが多いと指摘する（Nosak et al. 1997）。

同様の問題は、日本の調査でも明らかにされている。たとえば、ＤＰＩ女性障害者ネットワークの米津知子は、同団体が二〇一一年に実施した「障害のある女性の生きにくさに関する調査」をもとに、二〇一一年五月一一日に開催された第一八回障がい者制度改革推進会議差別禁止部会[16]で次のように報告している。少し長いが、重要な調査結果なので引用したい。

私たちの調査に対して、回答の中で一番多かったのが性的被害に関するものでした。私たちの調査は自由記述ですから、人生の中で感じた困難な経験を書いてくださいというふうにお願いしました。性的被害は経験しましたかという質問はしていません。それでも、回答者の約三五％が性的被害を経験したということを書いてきました。職場で上司から、学校で教師から、福祉施設や病院、職場、介助者から、家庭の中で親族から、さまざまなところで被害が起きています。こういう場所は、被害女性が簡単に立ち去ることができない場所です。嫌でも居続けなければいけない所です。そして、加害者は立場の強い人たちです。これだけを見ても、たとえ犯罪に該当するような被害を受けても、そこから立ち去り、あるいは訴えるということがどれほど難しいか、わかっていただけると思います。そして、障害女性が経済的自立が難しいということも、この問題を大変深刻にしています。（中略）

ある人は、授産施設に通う送迎バスで、私は自分で乗り降りできますと言っているのに、毎回男性スタッフが体に触る。

ある人は、マッサージ師として働いている職場で、休憩中に上司と二人きりになると、後ろから抱きつかれる。

母親の恋人と同居している人は、その彼がお風呂の介護をしてくれるんだけれども、体を触ってきて、とても辛い。それをお母さんに訴えるんですが、信じてもらえない。

義理のお兄さん、あるいは実のお兄さんからの被害という訴えもありました。

もう一人、職場における性的被害について書かれた方がいます。この人は、たくさんの企業に就職を目指して断られ、ようやく得た職場が、彼女がそれまで持った仕事の中で一番条件がよかったそうです。でも、職場の中で女性は彼女一人。派遣社員という身分でした。でも、彼女は子どもも育てなければならないので一生懸命働きました。こういうケースというのは、軽度の障害女性がよく置かれる状況です。そして、彼女は上司から性的な被害を受け、会社に相談しましたが、相手にされず、勇気をもって裁判を起こしましたが、認められなくて、現在、最高裁に上告しています。そして、会社からは、雇い止めの通告がありました。こういう状況に多くの障害女性が直面しています。[17]

米津による上記報告は、障害女性が日常のさまざまな場面で性暴力・性的被害を受ける可能性があることのみならず、セクシュアル・ハラスメントや性暴力・性的被害といった性に関わる問題が、性や生殖や身体に関わる権利だけでなく、「どこで誰とどのように暮らせるか」といった生活上の権利、「どのような職に就けるのか」や「安全な職場で働けるか」といった経済上の権利と連動しながら生じたり深刻化したりすることを示している。このことは、障害者の性の権利をその他の権利をめぐる状況と切り離して論じてしまうことが、どれほど危険で非現実的なのかを示唆している。

5　性的自由の前提条件

では、こうした視点は、障害者の性を論じる既存の障害学の議論にどの程度組み込まれてきただろうか。たとえば、モリスが編集した一九九六年のEWSについて、SPDは、それが性的虐待等、これまでプライベートな問題だとされ障害学的な議論の組上に載せられてこなかったテーマに言及していることを評価する一方で、「こうしたアプローチは、性と生殖を障害者にとっては主として問題含みのものとして構築する原因となる」（Shakespear et al. 1997: Chap. 1）とやや不満げに述べる。また、性暴力・性的被害は障害学にとって重要な問題だと言ったすぐ後に、「しかしそれは、ほとんどの障害者にとって日常的な性表現の中核ではない」（Shakespeare & Richardson 2018: 82）ため、障害者の性のポジティブな側面に光をあてることが重要だと強調する。

だが、性や再生産をめぐる自己決定権と、性表現や性的快楽をめぐる権利をそれぞれ独立した権利として捉え、前者を性のネガティブな側面に、後者をポジティブな側面に振り分けるのは適切ではない。むしろ、本章がここまで論じてきた性の権利の連動性をふまえると、前者抜きに後者を想像したり実現したりすることは不可能なのであり、この意味において両者は切り離し難い関係にある。「ホットでセクシーであることができる権利」を求める人たちにとってみれば、性暴力・性的被害に焦点をあてた議論は性の危険性ばかりを強調し、多くの障害者が自由な性表現を求めている日常から乖離しているように見えるのかもしれない。だが、彼ら／彼女らがそのように感じるとき、いったいどの障害者の日常が念頭に置かれているのだろうか。前節で示したように、性暴力・性的被害は障害女性が日常的に直面する問題である。それらからの安全が確保されていない状況のまま、障害女性が（また、同様の暴力に直面している障害男性が）「ホットでセクシーであることができる権利」を想像したり語ったりすることは果たして可能だろうか。

「ホットでセクシーなわたし」を想像し、そうなりたいと望み、口にするためには、特定の前提条件（ここでは、性暴力がない状態）が整っている必要がある。だが、ここまでの議論からもわかるように、たとえ同じ障害者であっても、その前提条件を享受できている者とできていない者とが存在する。そして、この違いも社会的に生み出されていると認めるならば、「社会モデル」が扱う議論の範囲に含まれなければならない。しかし、実際にはそうなっていない。それはなぜだろう。既存の「社会モデル」は、特定の活動への参加（たとえば、性的活動への参加）が妨げられている原因を社会的障壁の概念で捉え、その除去を通して参加を可能にしていくアプローチとして理解され、活用されてきた。この点で「社会モデル」は、これまでできなかった活動をできるようにしていくという志向性を強く有してきたといえる。これに対し、性暴力をめぐる議論は、それらが生じない社会状態の確保（つまり、できない／起きないようにしていくこと）を志向するものである。こうした志向性の違いにより、性暴力をめぐる問題は、「社会モデル」にもとづく議論の中で十分な居場所を与えられてこなかったのではないか。

この問題点を解決するためには、「社会モデル」で問題化する「社会」の範囲を広げる必要がある。また、その際、広範な社会のあり様とそうした社会を構成している多元的で複雑な権力関係を同時に捉え、性の権利がその他の権利（経済的、社会的、および文化的権利）の配分のされ方とどう関連しているかを見抜く視点が不可欠となる。これも、既存の「社会モデル」にもとづく議論において不十分な点であった。だが、こうした視点を欠いたままでは、性暴力があることを知りながら、それらを社会的に解決すべき重大な問題として扱い損ねてきた「社会」を、また、そうした「社会」を再生産している性差別的で女性嫌悪的な「社会」を問題化することは難しい。

私たちが直面する困難経験の社会的要因は、必ずしも社会の「あそこ」や「ここ」に誰の目にも明らかな形で存在しているわけではない。むしろ困難経験は、極めて広範かつ根深く存在している複数の差別構造が交わったり重なったりすることで生じている。それは、私たちが多様な異なりを同時に生きていることの証左でもある。本書が、「社会モデル」の要諦は障害の「発生メカニズムの社会性」を発見することにあると主張する理由の一端は、こうした意味での困難経験を理解し、解決していくにあたり「社会モデル」が有効であるにもかかわらず、未だ十分に活用されていないと考えていることにある。これまで「社会モデル」を通して認識されてきた社会的障壁の範囲が非常に限定的であったこと、またそれにより障害者が直面する多くの困難経験にアプローチし損ねてきたことは事実である。本章では、この限定性が、障害者の性の権利をめぐる議論に与えてきた影響に焦点をあててきたが、同様の課題は、その他のテーマにおいても見出すことができるだろう。しかし、だからといって「社会モデル」は使い物にならないということにはならない。「社会モデル」を時代遅れの無用の長物として投げ捨ててしまう前に、「何を社会的障壁とみなすのか」という私たちの認識自体も、社会の中で自明視されている権力関係から自由ではないという事実を内省し、多様であるがゆえに私たちの間にさまざまな形で存在する不均衡とその具体的な現れを発見していく道具立てとして「社会モデル」を再び鍛え直していくことが求められているのである。

■注

1　ノアールは、二〇〇四年、脳性まひの当事者である熊篠慶彦によって設立された。「性に関する問題を中心に、障害者に様々な情報を提供したり、障害者自らが自己選択・自己決定に基づき自由なライフスタイルを選択することができるように支援する環境や斬新な仕組みを作り、また社会一般の人達の理解・協力を得るための情報発信事業を行う」（ノアール設立趣意より）活動を行っている。他方、ホワイトハンズは、二〇〇八年、坂爪真吾によって設立、二〇一一年に一般社団法人化された。ホワイトハンズは、障害者の性に限らず、社会の中でスティグマ視されたり、マイノリティ性を付与されがちな性のあり方に焦点をあてた活動を行っている。

2　ここでいう環境コーディネートとは「たとえば、マスターベーションはできるがパンツの上げ下ろしができない障害者のパンツの上げ下ろしをする支援、性器のある場所まで手を持っていくことができない障害者の手をその場所まで持っていく支援、性器を握ることはできるけど腕を動かすことができない障害者の腕を動かせる支援など」（草山 2017: 7）を指す。

3 したがって、ホワイトハンズが提供する「射精介助」の対象は原則として、「射精・勃起機能が正常な」重度の身体障害をもつ男性のみである。

4 障害者権利条約で、締約国に対し、アクセシビリティを確保するための措置を講じる義務を定めているのは九条であり、これは、国連の人権条約ではじめて、アクセシビリティ関連の一連の義務と権利を明確にした条文である。また、アクセシビリティに関する文書である一般的意見第二号は権利条約の三〇条との関係に触れ、以下のように指摘している。

> 誰もが芸術を楽しみ、スポーツに参加し、ホテル、レストラン及びバーに行く権利を持っている。しかし、車いす使用者は、コンサートホールに階段しかない場合、コンサートに行くことができない。全盲の視覚障害者は、美術館で絵画に関する説明を聞くことができなければ、絵画を鑑賞することはできない。難聴の人は、字幕がなければ映画を楽しむことはできない。ろう者は、手話通訳がなければ、舞台演劇を楽しむことはできない。知的障害者は、読みやすいバージョンや、本の拡大版・代替版がなければ、読書を楽しむことができない。条約30条は、締約国に対し、障害者が他の者との平等を基礎として文化的な生活に参加する権利を認めることを義務付けている。

5 ただし、性の権利に関してはリプロダクティブ・ヘルス／ライツの中に含まれるという立場と、リプロダクティブ・ヘルス／ライツの中から性の権利を外出しして、セクシュアル・リプロダクティブ・ヘルス／ライツ（SRHR）と表記する立場がある。

6　内閣府男女共同参画局の「第四回世界女性会議　行動綱領（総理府仮訳）」（http://www.gender.go.jp/international/int_norm/int_4th_kodo/index.html）を参照

7　「北京行動綱領」には「リプロダクティブ・ヘルスは、人々が安全で満ち足りた性生活を営むことができ、生殖能力をもち、子どもを産むか産まないか、いつ産むか、何人産むかを決める自由をもつことを意味する。この最後の条件で示唆されるのは、男女とも自ら選択した安全かつ効果的で、経済的にも無理がなく、受け入れやすい家族計画の方法、ならびに法に反しない他の出生調節の方法についての情報を得、その方法を利用する権利、および、女性が安全に妊娠・出産でき、またカップルが健康な子どもを持てる最善の機会を与えるよう適切なヘルスケア・サービスを利用できる権利が含まれる」（パラグラフ94）と記されている。

8　現在、ＷＨＯのホームページ上で公開されている暫定的定義は二〇〇二年時のものと比較すると、やや狭くなっているように思える。そこでは、「性に関する権利は、国際的および地域的な人権文書、その他の合意文書や国内法ですでに認識されている特定の人権を擁護する」とし、その実現に不可欠な権利として、「平等と無差別に対する権利：拷問、残酷で非人道的で虐待的な扱いや処罰を受けない権利：プライバシーの権利：達成可能な最高水準の健康（性の健康を含む）および社会保障に対する権利：結婚する権利、家族を見つけ、意図している配偶者の自由で完全な同意を得て婚姻する権利、婚姻内およびその解消時において平等である権利：子どもの数と（出産の）間隔を決定する権利：情報と教育に対する権利：意見および表現の自由に対する権利：基本的権利の侵害に対する効果的な救済の権利」が示されている。（http://www.who.int/reproductivehealth/topics/sexual_health/sh_definitions/en/）

9　性的市民権という用語はEvans（1993）が最初に用い、その後Richardson（1998）、Plummer（2003）、Week（1998）らなどによって使われることで一般化した。"Intimate citizenship"（親密な関係性に対する権利）という用語を好む論者もいるが、意味内容はほぼ同じである。

10　この時期、性の権利の議論の蓄積が、社会学（Giddens 1992; Plummer 1995; Richardson 1998; Weeks 1998）の

11 みならず、法理論（Herman 1994; Robson 1992）や政治理論（Phelan 1994, 1995; Wilson 1995）の領域で行われた。

リチャードソンは上記三つの権利の保障を阻害する要因として、法律等に関わる制度的な要因、社会規範や文化的価値等に関わる慣習的な要因にも触れている。たとえば、性的同意年齢に関わる法律や同性間の性的実践を禁止する法律は、特定の人びとがパーソナルな関係において行う「合意にもとづく性交渉」を犯罪とみなす。また、性に関する社会規範や文化的価値も、性の権利の保障を困難にしている要因である。たとえば、異性愛のみを「正当な」セクシュアリティとみなすヘテロノーマティヴな考え方や制度、同性愛を過剰に性的なものと意味づけ危険視するような価値観は、同性間の性的実践を実質的に選択困難なものにするだけでなく、同性愛的だとみなされる性的活動に参加する自由を毀損している可能性が指摘されてきた。

12 物理的バリアと並んで「入所施設」も、障害者のプライベートな空間の確保を阻害することで、性的実践や性的表現の自由を奪ってきたとして批判される。もちろん、そうした空間を確保することが難しいのは、入所施設で暮らす障害者だけでない。地域で自立生活を実践している障害者であっても、日常的に他者からの介助を必要とする重度障害者の場合、性的な実践や表現にあたり必要なプライバシーを主張することは難しい。

13 同様の主張は Guldin（2000）、倉本（2005）、Chappell（2015）でもなされている。こうした「ノーマライゼーション」批判は、性的主体性を奪い続けられてきた障害者がそれを取り戻していくときの選択肢を増やし、障害者のエンパワメントに大きく影響しうるという点で、実践的な意味をもつ。また、そこに「クィアな性の政治」を生み出す原動力を見いだす論者もいる（Shildrick 2007: 64）。

14 ここでいう「性的主体」は「自らのセクシュアリティを自覚し、主体的に性行動を実践するような人」（松波 2005：66）と定義される。「自覚」や「主体的に（中略）実践」といった表現が用いられていることからもわかるように、松波が想定する「性的主体」は、比較的「強い主体」である。

15 二〇一五年に厚生労働省が行った調査によると、障害者支援施設うち、女性利用者が「同性介助を希望していても介助が受けられない場合がある」施設の割合は、排せつが八・一％、入浴が三・三％、男性利用者の場合、排せつが二七・六%、入浴が二〇・七%であった。詳細は「平成二七年度障害福祉サービス等報酬改定検証調査結果（平成二八年度調査）」（https://www.mhlw.go.jp/file/06-Seisakujouhou-12200000-Shakaiengokyokushougaihokenfukushibu/0000178189.pdf）を参照。

なお、二〇一八年六月に厚生労働省から出された「障害者福祉施設等における障害者虐待の防止と対応の手引き」（https://www.mhlw.go.jp/file/06-Seisakujouhou-12200000-Shakaiengokyokushougaihokenfukushibu/0000211204.pdf）では、性的虐待を防止する観点から「特に女性の障害者に対して可能な限り同性介助ができる体制を整えること」という文言が入った。

16 二〇〇九年一二月八日、障害者権利条約の締結に必要な国内法の整備をはじめ、障害者制度の集中的な改革を行うことを目的に、内閣に「障がい者制度改革推進本部」が設置された。この本部のもと、二〇一二年三月一二日まで計三八回開催された「障がい者制度改革推進会議」では、主に障害者基本法の改正に向けた検討が行われた。他方、二〇一〇年一一月二二日に推進会議内につくられた「差別禁止部会」では、後の障害者差別解消法の制定に向けた検討が、二〇一二年七月一三日まで計二一回行われた。

17 障がい者制度改革推進会議差別禁止部会（第一八回）議事録（https://www8.cao.go.jp/shougai/suishin/kaikaku/s_kaigi/b_18/gijiroku.html）より引用。なお、引用中に出てくる報告書の正式名称は「障害のある女性の生活の困難——人生の中で出会う複合的な生きにくさとは　複合差別実態調査報告書」である。本報告書はＤＰＩ女性会議に問い合わせれば入手することができる。

■参考文献

Chappell, Paul. 2015 'Queering the Social Emergence of Disabled Sexual Identities: Linking Queer Theory with Disability Studies in the South African Context,' *Agenda*, 29（1）: 54-62.

Cheng, Mariah Mantsun & J, Richard Urdy. 2001 'Sexual Behaviors of Physically Disabled Adolescents in the

United States', *Journal of Adolesc Med Health*, 31: 48-58.

Committee on the Rights of Persons with Disabilities, Eleventh session, General comment No. 2, Article 9: Accessibility, April 11th, 2014

Earle, Sarah. 1999 'Facilitated Sex and the Concept of Sexual Need: Disabled Students and Their Personal Assistants,' *Disability & Society*, 14（3）: 309-323.

Evans, David. 1993 *Sexual Citizenship: The Material Construction of Sexualities*, London: Routledge.

Giddens, Anthony. 1992 *The Transformation of Intimacy: Sexuality, Love and Eroticism in Modern Societies*. Cambridge: Polity Press.

Girard, Francoise. 2004 Global Implications of U.S. Domestic and International Policies on Sexuality, Working Papers, N. 1, Sexuality Policy Watch http://www.sxpolitics.org/wp-content/uploads/2009/03/workingpaper1.pdf

Guldin, Anne. 2000 'Self-Claiming Sexuality: Mobility Impaired People and American Culture,' *Disability & Society*, 14（3）: 309-323.

Herman, Didi. 1994 *Rights of Passage: Struggles for Lesbian and Gay Equality*, Toronto: University of Toronto Press.

飯野由里子 2019「日常から始める性的マイノリティの権利保障」『k-peace』: 4-7.

Jackson, Stevi & Sue Scott, S. 1996 'Sexual Skirmishes and Feminist Factions: Twenty-Five Years of Debate on Women and Sexuality', in Stevi. Jackson and Sue Scott eds., *Feminism and Sexuality: A Reader*, Edinburgh: Edinburgh University Press: 1-31.

倉本智明 2002「欲望する、〈男〉になる」石川准・倉本智明編『障害学の主張』明石書店: 119-144.

要由紀子 2018「いかがわしくあってはいけない障害者の性――〝差別撤廃〟か〝部分的権利保障〟か」SYNODOS https://synodos.jp/society/21252

草山太郎 2017「障害者への性的支援のあり方を考える――特定非営利活動法人ノアールの理念と活動を中心に」（二〇一七年一〇月二八日、障害学会シンポジウムでの発表資料）

松波めぐみ 2005「戦略、あるいは呪縛としてのロマンティックラブ・イデオロギー――障害女性とセクシュアリティの「間」に何があるのか」倉本智明編『セクシュアリティの障害学』明石書店：40-92.

Nosek, Magaret A., Carol A. Howland & Mary Ellen Young.1997 'Abuse of Women With Disabilities: Policy Implications' *Journal of Disability Policy Studies*, 8: 157-175.

小山内美智子 1995『車椅子で夜明けのコーヒー――障害者の性』文藝春秋

Pakulski, Jan. 1997 'Cultural Citizenship', *Citizenship Studies*, 1（1）: 73-86.

Perchesky, Rosalind. 2000 'Sexual Rights: Inventing a Concept, Mapping and International Practice,' in Richard Parker, Regina Maria Barbosa and Peter Aggleton eds., *Framing the Sexual Subject: The Politics of Gender, Sexuality and Power*, Barkley: University of California Press. pp. 81-103.

Phelan, Shane. 1994 *Getting Specific: Postmodern Lesbian Politics*, Minneapolis: University of Minnesota Press.

――― 1995 'The Space of Justice: Lesbian and Democratic Politics', in A. R. Wilson ed. *A Simple Matter of Justice? Theorizing Lesbian and Gay Politics*, London: Cassell.

Plummer, Ken. 1995 *Telling Sexual Stories: Power, Change and Social Worlds*, London: Routledge.（= 1998 桜井厚・好井裕明・小林多寿子訳『セクシュアル・ストーリーの時代――語りのポリティクス』新曜社

――― 2003 *Intimate Citizenship: Private Decisions and Public Dialogues*, Seattle: University of Washington Press.

Richardson, Diane. 1998 'Sexuality and Citizenship,' *Sociology*, 32（1）: 83-100.

――― 2000 'Constructing Sexual Citizenship: Theorizing Sexual Rights,' *Critical Social Policy*, 62, 20（1）: 105-135.

Robson, Ruthann. 1992 *Lesbian*（*Out*）*Law: Survival Under the Rule of Law*, Ithaca: Firebrand.

Saiz, Ignacio. 2005 'Bracketing Sexuality: Human Rights and Sexual Orientation: A Decade of Development and Denial at the UN,' *Working Papers*, N. 2. Brazil: Sexual Policy Watch.

Sanders, Teela. 2007 'The Politics of Sexual Citizenship: Commercial Sex and Disability,' *Disability & Society*, 22（5）:

439-455.

——— 2008 'Male Sexual Scripts: Intimacy, Sexuality and Pleasure in the Purchase of Commercial Sex,' *Sociology*, 42（3）: 400-417.

Shakespeare, Tom., Kath Gillespie-Sells, & Dominic Davis eds. 1996 *The Sexual Politics of Disability: Untold Desires*, London: Cassell.

Shakespeare, Tom. 2000 'Disabled Sexuality: Toward Rights and Recognition', *Sexuality and Disability*, 18（3）: 159-166.

清水晶子 2015「ようこそ、ゲイ・フレンドリーな街へ——スペースとセクシュアル・マイノリティ」『現代思想』43（16）: 144-155.

Shildrick, Margrit. 2007 'Contested Pleasures: The Sociopolitical Economy of Disability and Sexuality,' *Sexuality Research & Social Policy*, 4（1）: 53-66.

瀬山紀子 2005「障害当事者運動はどのように性を問題化してきたか」倉本智明編『セクシュアリティの障害学』明石書店: 126-168.

障害者の生と性の研究会 1994『障害者が恋愛と性を語り始めた』かもがわ出版

Sheill, Kate. 2009 'Losing Out in the Intersections: Lesbians, Human Rights, Law and Activism,' *Contemporary Politics*, 15（1）: 55-71.

谷口明広 1998『障害をもつ人たちの性——性のノーマライゼーションをめざして』明石書店

土屋葉 2005「『父親の出番』再考——障害をもつ子どもの性をめぐる問題構成」倉本智明編『セクシュアリティの障害学』明石書店: 230-267.

United Nations Economic and Social Council 1997 *Report of the Special Rapporteur on Violence against Women, Violence against Women in the Community*, E/CN. 4/1997/47.

——— 1999 *Report of the Special Rapporteur on Violence against Women, Women's Reproductive Rights and Violence against Women*, E/CN.

4/1999/68/Add. 4.

Weeks, Jeffrey. 1998 'The Sexual Citizen,' *Theory, Culture & Society*, 15 (3-4) : 35-52.

第２部　合理程配慮と社会モデル

第4章 合理的配慮は「社会モデル」を保証するか

星加良司

1 忍び寄る「個人モデル」

近年、障害者の権利に関わる法整備が急速に進んでいる。日本では、障害者権利条約が批准され（二〇一四年）、障害者差別解消法が施行された（二〇一六年）。この一連の法整備において、従来の国内法には存在しなかった「合理的配慮」という新しい考え方が導入された。合理的配慮とは、障害者の機会平等と社会参加を確保するために、相手方が、過重な負担を伴わない範囲で、現状を変更するために講じる措置を意味する。たとえば、車椅子を使用する障害者のために、相手方がスロープや手すりを設置する、といったことをさしあたり思い浮かべてもらえればよい。こうした「配慮」を「合理的」な範囲で提供することに関する義務が規定されたのである。

こうした法整備は、障害問題を生み出している現行の社会のあり方を問う「障害の社会モデル」の視点を反映したものである。少なくとも理念的にはそのはずである。しかし、様々な組織において、合理的配慮を遺漏なく提供する体制を確立するための「まじめな」取り組みが進む中で、障害の機能的側面（インペアメント）への関心が高まっている現状がある。合理的配慮を提供すべき「障害者」の範囲はどこまでなのか。個々の「障害」にはどのような特性があるのか。その「障害特性」に応じた適切な配慮とは何なのか。こういった問いは、いずれもインペアメントに関わる専門的な知識体系へのアクセスを、私たちに要求しているように見える。実際、医学・心理学をベースとする「障害」の専門家[1]の配置は、大学等の組織の中で着実に進んでいる。

では、こうしたインペアメントへの再注目と、「個人モデル／医学モデル[2]」とはどのような関係にあるのだろうか。仮にこうした流れが「個人モデル」への回帰を意味するのだとすれば、それを看過することはできないだろう。本章では、こうした問題意識を念頭に、合理的配慮法制化後の日本で起こりつつある現象の一側面を、批判的に検討した上で、それらがどのような「社会モデル」理解と結びつくことによって生じているのかを分析する。

2　合理的配慮の二つの解釈

まず確認しておきたいのは、外形的な行為としての合理的配慮は、「個人モデル的」にも「社会モデル的」にも解釈する余地があるということだ（星加・川島 2016）。これは意外に思われるかもしれないが、以下の二つのタイプのロジックがそれなりに無理なく成立してしまうことを見れば、合理的配慮の義務が全く異なる障害観を基盤として導かれうることがわかる。

〈個人モデル的解釈〉

（1）障害者には非障害者とは異なる心身の異常＝機能制約がある。

↓（2）そのために障害者は生活上の困難を経験する。

↓（3）それを放置することは、我々の良心に反する。

↓（4）したがって、社会的責務として配慮が提供されるべきである。

〈社会モデル的解釈〉

（Ⅰ）障害者と非障害者との間には心身の特性に関わる差異がある。

↓（Ⅱ）にもかかわらず、社会が非障害者の特性（のみ）を基準に生成・発展してきたために、障害者は生活上の困難を経験する。

↓（Ⅲ）それを放置することは社会的な不正義である。

↓（Ⅳ）したがって、社会的責務として配慮が提供されるべきである。


まず、「個人モデル的解釈」の基底に置かれるのは、（1）障害者は「正常」な身体から逸脱した否定的な身体特徴（インペアメント）を持っているために、（2）社会生活上の困難（ディスアビリティ）を経験するという理解であり、（3）そうした「恵まれない」状況に対する社会の慈善的な反応として――あるいはせいぜい社会連帯の理念に基づく福祉的な措置として――、（4）一定の配慮は提供されるべきだということになる。このうち、「（1）↓（2）」の部分がいわゆる「障害の個人モデル（individual model of disability）」であり、さらに「（1）↓（2）↓（3）」の一連の認識を指して「障害の個人的悲劇理論（personal tragedy theory of disability）」と呼ばれることもある（Oliver 1990=2006; 1996）。こうした認識を基盤に合理的配慮を理解するならば、それは「普通」の社会に適合できない障害者に対して、社会の側が善意に基づいて提供する「特別な恩恵」という色彩を帯びることになる。

他方、「社会モデル的解釈」においては、（Ⅰ）本来障害者の身体特徴は、非障害者との間の単なる差異であるに過ぎないにもかかわらず、（Ⅱ）現行の社会がマジョリティである非障害者の利便性を基準に編成されてしまっているために、障害者は不利益を蒙っているのであり、（Ⅲ）そのように一部の人々に犠牲を強いるような社会を放置することは正義にもとるのだから、（Ⅳ）せめて可能な範囲の配慮ぐらいは提供されてしかるべきだということになる。この「（Ⅰ）→（Ⅱ）」に当たる認識が「障害の社会モデル（social model of disability）」である。この視点に立てば、合理的配慮は、歴史的に社会が障害者のニーズを無視し、偏在的に犠牲を強いてきたことに対する補償という文脈を与えられることとなり、正義の観点から道徳的に正当化されるものとなる[3]。

さて、ここで改めて確認すれば、これら二つの道筋で導かれた結論である（4）と（Ⅳ）は、全く同一の命題である。そして、それは実定法上の合理的配慮提供義務の中核を成す要素となっている。ということは、少なくとも外形的な行為としての合理的配慮の義務は、ここで挙げた全く異なる二つの経路を介して理解されてしまう可能性があるということなのだ。

だとすれば、（Ⅳ）を目指していたはずの合理的配慮が（4）に堕してしまうことは、十分に現実的な危険性である。そして、これは重大な問題を呼び起こす。第一に、（4）は（Ⅳ）と比べて規範的要請の強度の点で後退している。なぜなら、（Ⅳ）は正義の観点から不当な状態の是正を社会成員に迫るものであるのに対して、(4)は「良心」の発露としての自発的な取り組みを期待しているに過ぎないからだ。第二に、(4)の理解が浸透することは、個人モデルに基づく障害観を再生産・強化することに直結する。障害者の権利保障のための合理的配慮の法制化によって、個人モデル的な障害観が社会に遍く普及していくとしたら、それはブラックジョークでしかない。

実は、ここで示した可能性は、論理上の懸念にとどまらず、既に現実において進行しつつあるように見える。以下では、そうした現象を生み出す要素を、三つの観点に分けて析出してみたい。

3　合理的配慮の意図せざる効果Ⅰ——医学的基準の焦点化

まず、合理的配慮が法的な義務として導入されたことで、「障害者」を同定するための医学的な基準への関心が高まったことが挙げられる。

法律で合理的配慮の提供が義務付けられている対象は「障害者」に限られているから、誰が「障害者」に当たるのかがわからなければ、誰に合理的配慮を提供しなければならないのかもわからない。そこで、合理的配慮を規定した法律において「障害者」の定義が設けられているのだが、そこには必ず医学的な基準が含まれている。
たとえば、障害者差別解消法では「障害者」を次のように定義する。

「身体障害、知的障害、精神障害（発達障害を含む。）その他の心身の機能の障害がある者であって、障害及び社会的障壁により継続的に日常生活又は社会生活に相当な制限を受ける状態にあるもの」

ここでは定義の前段のみに着目してもらえばよい。「身体障害、知的障害、精神障害（発達障害を含む。）その他の心身の機能の障害」があることが「障害者」であることの必要条件になっている。こうした心身の機能の障害（インペアメント）は、基本的には医学的な診断によって特定されるものだから、「障害者」であるためには医学的な基準をクリアしなければならないということになる。

つまり、合理的配慮が提供される入り口において「障害者」であることが求められ、「障害者」であることを確認するために医学的基準が参照される、という構造になっているということだ。これは第2節で示した（1）の認識が——意識されているか否かはともかく——形成されることを意味する。もちろん、法律の保護対象の設定の段階で、医学的基準を用いた定義をすること自体に問題はないという立場もありうるが（川島 2011）、医学的な基準の中に「異常」といった否定的な価値付けが内在していることも確かであり（榊原 2016）、これが個人モデル的な理解の第一歩であることは否定できない。

さらに、雇用の場面の合理的配慮においては、事態はいっそう深刻だ。障害者雇用促進法の「障害者」定義は次のようになっている。

> 「身体障害、知的障害、精神障害（発達障害を含む）その他の心身の機能の障害があるため、長期にわたり、職業生活に相当の制限を受け、又は職業生活を営むことが著しく困難な者」

前段のインペアメントへの言及は、差別解消法と同様だ。したがって、ここでも（1）の認識は上書きされる。

加えて、後段を合わせて読んでみると、「心身の機能の障害があるため…困難」という書きぶりになっていることがわかる。すなわち、インペアメントによってディスアビリティが生じているという書き方になっているわけだ（西倉 2016）。これはとりもなおさず「（1）→（2）」という個人モデルの認識である。

このように、権利保障のための法的な保護対象の設定の意図せざる効果として、ひとりひとり異なる存在の集まりに過ぎない「人」という集団の中に、「障害者／非障害者」という線引きを挿入するとともに（星加 2015）、合理的配慮を個人モデル的に解釈する素地を作ってしまっているともいえる。厳密にいえば、「（1）→（2）」の認識が直ちに「（3）→（4）」を導くわけではないが、他方で、基盤となる障害観が、それに対する適切な反応についての考え方をある程度規定するのも事実だろう。

とりわけ、合理的配慮を障害分野に限定している現行法下では、その限定を説明する上でインペアメントそのものの制約性を強調せざるをえない場面も多い。たとえば、通勤ラッシュ時の移動に著しい困難を伴う障害者が、出勤時間の変更を合理的配慮として求めたとしよう。こうしたケースにおいて、なぜ障害者だけにそうした変更を認める必要があるのか、通勤ラッシュが不快なのは非障害者も同じなのだから障害者だけを「特別扱い」するのはおかしい、といった反応がしばしば見られる。こうした主張の根拠となっているのは、共通したニーズがある（同一条件）にもかかわらず同様のルールを適用（同一処遇）しないのは不公平だ、という直観だろう。

これに対して、通勤ラッシュ時の障害者の困難は非障害者のそれよりも著しく大きいのだから特例が認められてしかるべきだ、といった理由付けによる反駁がなされることがある。こうした反論は、障害者の直面する困難を質的に異なったものとして強調することで、ニーズの共通性〈同一条件〉を否定し異なる取り扱いを正当化しようとするものであり、直観的な説得力をそれなりに持っているのだが、しかしその裏面で危うさをも含んでいる。なぜなら、インペアメントを要件として定義される「障害者」が、――インペアメントを持っているというその事実のみをもって――インペアメントを持たない「非障害者」と質的に異なる困難を常に経験しているといえるのなら、やはりその困難〈ディスアビリティ〉はインペアメントに起因して生じているものだ、という個人モデル的な説明を裏書するものとして受け止められがちだからである。このように、法の保護対象である「障害者」の範囲が争点化する日常の相互行為を通じて、個人モデル的な解釈枠組みは無自覚的に強化されていくのだ。

4 合理的配慮の意図せざる効果Ⅱ――機能アセスメントの強化

さらに、法令順守の観点から、合理的配慮を適切に提供しようとする組織的実践の中で、心身機能をより厳格に測定しようとする傾向が生まれてきているように思われる。

まず、どのような配慮が「合理的」と見なされるのか、別の言い方をすれば、どのような配慮をしておけば法律上の義務を果たしていると言えるのか、という点に強い関心が向けられる。その際、「公平性」〈過剰な配慮の排除〉や「有効性」〈無意味な配慮の排除〉といった基準が前景化する傾向がある。

たとえば、著者が勤務している東京大学では、障害者差別解消法の対応要領において、配慮が「合理的」であると判断する要件の一つとして、「特定の場合において必要とされること」を挙げ、それを次のように説明している。[5]

特定の障害及び特定の状況（教育・研究その他本学が行う事務又は事業）により、支障が生じており、特定の配慮により支障の改善が想定されること（東京大学・対応要領に係る留意事項（http://www.u-tokyo.ac.jp/content/400040003.pdf））。

つまり、合理的配慮とは、「特定の障害」と「特定の状況」によって生じた「支障」を改善するものでなければならないとされているわけだ。

ここでは少なくとも二つの判断が要請されている。一つは、そこに現れている「支障」が「特定の障害」（インペアメント）との関連で生じたものなのか否か、という判断である。これを示すためには、単にある障害者が「困っている＝支障をきたしている」というだけでは十分ではない。なぜなら、それだけではその「支障」は、障害者も非障害者も共通に経験している困難――たとえば、試験の内容が誰にとってもきわめて難解なものだとか、教師の言動が「平等に」ハラスメント含みであるといったように――かもしれず、そうであるならばその「支障」は合理的配慮によって解決すべき問題とは見なされないからだ。そうした共通の困難に関して、障害者に対してだけ片面的に配慮を提供することは「公平性」の基準に反すると見なされる。そのため、その「支障」が「特定の障害」に関連していること――したがって「特定の障害」を持たなければ直面しないものであること――について、一定の客観的判断が求められるのだ。

もう一つは、配慮によって「支障」が改善されるか否か、という判断である。いくら配慮を提供したとしても、それによって「支障」が改善されない――効果がない――のであれば、配慮を提供する側はもとより、配慮を受ける障害者の側にとっても意味がない。だから、「支障」の内容に対応した有効な配慮を特定し、そのフィッティングを行うことが必要とされるのだ。ここで、「支障」が「特定の障害」との関連で生じたものであることを踏まえると、「特定の障害」に関わる知識と実践の蓄積が、この判断の拠所として参照されることがわかるだろう。

以上で述べた二つの判断の要請は、医学・心理学をベースとする伝統的な「障害」の専門家への需要を高めるものとして機能しているように思われる。それはまず、従来「特定の障害」と「支障」との関係についての科学的な説明を蓄積してきたのが、とりもなおさず医

表1　教員就職者数上位大学における特別支援教育課程担当教員の学会別論文数

学会名	論文数
日本特殊教育学会	104
日本教育心理学会	73
日本発達障害学会	41
日本 LD 学会	30
障害科学学会	20
日本特別ニーズ教育学会	19
電子情報通信学会	15
日本音声言語医学会	14
日本教育学会	13
ろう教育科学会	13
日本保育学会	13
日本聴覚言語障害学会	12
日本心理学会	11
日本行動分析学会	11
日本小児精神神経学会	10
日本リハビリテイション心理学会	10
日本発達障害支援システム学会	10
日本コミュニケーション障害学会	9
日本聴覚医学会	8
日本発達心理学会	7
日本児童青年精神医学会	7

学という分野であったために、そうした要請に応える人材のストックを豊富に持っていたということと関係しているだろう。さらには、折りしも「発達障害」といういまだ特性がよく知られていない「新しい障害」[6]への対応が問題化した社会的状況ともあいまって、診断・分類の体系を持つ医学的な専門知への傾倒がいっそう促進されたといえるかもしれない。

また、「支障」に対応する有効な配慮の特定という課題に対しては、特別支援教育（障害児教育）の専門家が持っていた実践的な知識が重宝されているとも見ること

表2　表1対象教員の投稿学会名に現れる頻出語ランキング

順位	語彙	回数
1	教育	287
2	心理	155
3	障害	138
4	特殊	104
5	医	78
6	発達	65
7	情報	36
8	言語	33
9	神経	32
10	精神	31
11	LD	30
12	社会	28
	特別	28
	小児	28
15	療法	26
	行動	25
17	支援	21
	聴覚	21
19	リハビリ	20
20	音声	19

ができる。かねてよりこの分野の専門家は、障害種別ごとに編成され障害の機能的特質（インペアメント）に焦点化された専門性を基盤とするカリキュラムにおいて、制度的に養成されてきた。表1は、教員就職者の多い大学[7]の特別支援教育課程の担当教員について、学会別の論文投稿数を示したものである。

さらに、全投稿論文の投稿学会名に現れる頻出単語のランキングを示したのが、表2である。

これを見ると、個人の心身機能に関して探究するディシプリン（「心理」「医」）が上位を占めているほか、インペアメントに焦点化する語（「障害」「発達」「精神」「LD」「聴覚」）が多く含まれていることが分かる。それに比べて、「社会」という語は一四位にようやく登場するのみであり、この分野の専門性が立脚する知識基盤が、いかに偏った形で形成されているかを読み取ることができる。

このことを踏まえると、インペアメントに関する知識と専門性に基づいて障害児の課題遂行を支援する方法を習得してきた「専門家」が、合理的配慮の法制化を受けた大学等での体制整備の取り組みの中で、大量に流入していると見ることができるである。そのことによって、「支障」に対応するための配慮内容の特定に当たって、障害者個人の課題遂行能力に関わる機能的支援に重点が置かれ、インペアメントへの焦点化がいっそう進むことになる。

もっとも、本来合理的配慮はより幅広い内容を含むものである。文部科学省の対応指針[8]によれば、合理的配慮には、「物理的環境への配慮や人的支援の配慮」「意思疎通の配慮」「ルール・慣行の柔軟な変更」の三種類が含まれるとされる。このうち、「物理的環境への配慮や人的支援の配慮」と「意思疎通の配慮」は、基本的に、何らかの追加的な対応によって所与の課題遂行を可能にするアプローチであり、伝統的な「特別支援」の枠組みと親和性が高い。これに対して、「ルール・慣行の柔軟な変更」は、どちらかといえば、主流社会の中で求められている課題のあり方——たとえば試験時間や成績評価の方法——の見直しを通じて、障害者の「本質的な能力」の公正な評価を可能にしようとするアプローチであり（星加 2016）、本来この点に本格的に取り組もうと思えば、教育の本質の再定義に関わる調整業務を行うことのできる新たな専門性が必要とされるはずである。ところが、現在の日本では「ルール・慣行の柔軟な変更」に消極的な組織文化が色濃く残っているために、合理的配慮のこの側面はさほど重視されず、結果として、「個人モデル」と親和的な特別支援の専門性が幅を利かせるに至っているのではなかろうか。

このように、合理的配慮の義務を遵守しようとする、それ自体はきわめて真摯な取り組みの中で、合理的配慮を「個人モデル」的なものに矮小化する傾向が生まれているように見える。それは、個人の心身機能と課題遂行能力との関連についての詳細な科学的知識をベースとして、障害者に対する処遇（合理的配慮）を特定しようとする思考と実践の枠組みを強化している。こうして、合理的配慮の導入による身体への着目は、より細部に関わる知識に言及するものへと変容してきているのである。

5 合理的配慮の意図せざる効果Ⅲ――専門性による囲い込み

そして、こうした専門家によるアセスメントを起点に、配慮の有効性に関する絶え間のないモニタリングのネットワークに覆われることで、障害者の生活が体系的に管理されるという事態が生じうる。

この問題を理解する上で、特別支援教育をめぐる議論が参考になる。特別な教育的ニーズのある子どもたちは、アセスメント手続きの中で能力の正常基準と比べられてカテゴリー化され、その後の学校生活において切れ目のない監視を受けることになる。ここで生じる監視の重要な特徴は、それが監視者の相互ネットワークを通じて階層化されていることと、通常の生徒に対してなされるものに比してはるかに細部にわたっていることである（Allan 1996=2014）。

学習支援の専門家は、仕事のプログラムを作成し、その進行を監督し、普通教室の教師がその子をどのように扱っているのかを監視する。公式の検討会で教育心理士や親などに伝えるために、児童の進歩の記録は、校長にも常に知らせておく必要がある。相互権力関係の網目が生み出されたために、監視はこの時点で止まらない。……

彼らは教室での学習中に観察されるだけではなく、休憩時間中も観察される。……特別な教育的ニーズをもつ子どもの情緒面の幸福も、特別支援教育の重要な一面として言及される。……特別な教育的ニーズをもつ児童を監視することによって、専門家たちは、彼らの幸福についての関心を示し、彼らの状態と進歩について知識を獲得することができる。監視はまた、特別な教育的ニーズをもつ児童を、権力と知識の対象として構築する（ibid.: 66-67）。

日本の特別支援教育においても、「学習障害児に対する指導体制の充実事業」（二〇〇〇～二〇〇一年）、「特別支援教育体制推進事業」（二〇〇三～二〇〇八年）、「発達障害早期総合支援モデル事業」（二〇〇七～二〇〇九年）、「発達障害等支援・特別支援教育総合推進事業」（二〇〇九年）、「特別支援教育総合推進事業」（二〇一〇～二〇一二年）、「インクルーシブ教育システム構築事業」（二〇一三～二〇一四年）等を通じた支援体制の拡充整備に伴って、通常の学校における監視のネットワークもまた強化されてきた。

専門家チームは教育委員会に設置され、学習障害に関する専門的知識をもつ者から構成される。専門家チームは、小・中学校に配置されている校内委員会からの相談を受け、専門的なアドバイスをする。校内委員会は、校長、教頭、担任教員等から構成され、学習障害のある児童の実態を把握し、実際に指導を行う（木村 2015: 81）。

こうした支援のモデルは、もちろん一面で必要とされているものである。それまで支援ニーズが的確に把握されてこなかった結果、学習機会から阻害されてきた障害児にとって、それを保障する体制がきめ細かく整備されることは、それ自体望ましいことに違いない。ただし、それと同時に、障害児を取り巻く環境が——主に医学的な知識に依拠した——専門家のまなざしによって埋め尽くされ、その働きかけのターゲットとして絶えず対象化されるとすれば、障害児の自由な活動領域は著しく制約されていくことになる。[9]

ここで指摘した特別支援教育をめぐる課題は、合理的配慮が義務付けられることになった組織——とりわけ比較的取り組みが進んでいる大学組織等——において、部分的にではあれ既に顕在化してきているように思われる。きめ細かな支援体制の構築の裏面で、アセスメントと監視のまなざしが強化される危険性については、十分留意しておく必要があるだろう。

6　「社会モデル」を取り戻す

ここまで論じてきたように、合理的配慮法制化以降の組織的な取り組みの中で、個人モデルへの逆行を感じさせる流れが生まれているように見える。こうした皮肉な事態が生じている背景には、我々の社会モデルに対する理解の脆弱さがあるのではないか。

第2節で示したように、「(4) = (Ⅳ) したがって、社会的責務として配慮が提供されるべきである」という合理的配慮義務の中核命題は、「個人モデル」的にも「社会モデル」的にも解釈しうるものだった。すなわち、「(1) 障害者には非障害者とは異なる心身の異常＝機能制約がある」→「(2) そのために障害者は生活上の困難を経験する」という個人モデルの障害観からも、「(Ⅰ) 障害者と非障害者との間には心身の特性に関わる差異がある」→「(Ⅱ) にもかかわらず、社会が非障害者の特性（のみ）を基準に生成・発展してきたために、障害者は生活上の困難を経験する」という社会モデルの障害観からも、社会的な責務を導く論理を組み立てることは可能だということだった。

にもかかわらず、多くの研究者や運動家の中には、(4)＝(Ⅳ) のような「社会の可変性」や「解消責任の社会帰属」を表す命題を社会モデルと同一視してしまっている向きがある（星加 2007，川越他 2013）。そこには、社会モデルにとって最も本質的であるはずの「発生メカニズムの社会性」の観点が決定的に欠けている。そのために、「(1)→(2)」という個人モデル的な認識論の密輸入を容易に許してしまっているのではないか。

またこのことは、「解消手段の社会性」における変更可能な「社会」を、課題遂行能力を高めるための技術的・教育的手段に限定する理解を促すとともに（第4節）、そうした局所的な介入を行う「専門家」に全面的に依存するという形で「解消責任の社会帰属」をピンポイントで強化するという歪みを生み出してきているともいえる（第5節）。

障害学——そしてその源流となった障害当事者運動——が個人モデルを批判して社会モデ

ルを提起した際のポイントが、個人モデル的な障害認識によって、「ニーズの決定、サービスのマネジメント等、サービス供給過程における専門家の権限を強化し、そのことによって障害者の生の自律性を損なってきたこと」であり、「〈他者〉である専門家が決定したニーズに基づくサービスの供給によって、障害者の依存性と無力さ（powerlessness）が再生産され続けてきたこと」（田中 2005:91-92）であったことを踏まえるとき、合理的配慮法制化後に進行している事態に対して、改めて社会モデルの観点から批判的に検討することが求められるだろう。

■注

1　医学や心理学において障害問題が扱われるからといって、それが直ちに「個人モデル」を意味するわけではない。しかしM・オリバーが指摘するように、「障害の研究における医学と心理学の独占支配」は、障害問題を本質的に医療化し、障害者の生を抑圧してきたのである（Oliver 1990=2006）。

2　本来「社会モデル」の対概念は「個人モデル」であるが、一般的にはほぼ互換可能な用語として「医学モデル」が用いられている。

3　障害施策に関するこの種の正当化は、矯正的正義論の文脈に位置づけられる（Samaha 2007）。

4　権利条約や差別解消法において合理的配慮の不提供が「差別」と規定されていることは、こうした理解の証左でもある。

5 この対応要領は、国立大学協会が作成した「教職員対応要領（雛形）」を踏まえて作成されたものであり、他の国立大学法人においても類似の内容の対応要領が設けられている。

6 当然のことながら、医学・生理学的な状態としての発達障害（developmental disorder）はなにも「新しい」ものではない。しかし、発達障害者支援法（二〇〇五年施行）の制定に見られるように、それが社会的課題（公的な支援対象）としてクローズアップされてきたのは、今世紀に入ってからといってよいだろう。

7 二〇一六年度教員就職者数ランキング（出所『大学通信』）における上位三〇校のうち、文科省の特別支援教育一種免許状取得可能大学に指定された二五校を対象とした。

8 正式には、「文部科学省所管事業分野における障害を理由とする差別の解消の推進に関する対応指針」。

9 S・フレンチとJ・スウェインは、障害のある子どもの学校生活での経験において、子ども同士で形成される文化に適応することがきわめて重要であるにもかかわらず、専門家による働きかけによって「自分たちの仲間から選び出される」という望まない状態が生まれていることを報告している（French & Swain 2004=2010）。

■文献

Allan, J. 1996 “Foucault and Special Educational Needs: a ‘box of tools’ for analysing children’s experiences of mainstreaming”, *Disability & Society* 11（2）（=2014 中村好孝訳「フーコーと特別な教育的ニーズ――子どもたちのメインストリーム化経験を分析する『道具箱』」堀正嗣『ディスアビリティ現象の教育学』現代書館）

French, S. & Swain, J. 2004 “Inclusion in Education: Young Disabled People’s Perspectives,” Swain, J. et al, *Disabling Barriers: Enabling Environments, 2nd ed.*, Sage.（=2010 田中香織訳「教育におけるインクルージョン――若い障害者の視点」『イギリス障害学の理論と経験』明石書店）

星加良司 2007『障害とは何か――ディスアビリティの社会理論に向けて』生活書院

――― 2015「『分ける』契機としての教育」『支援』vol.5.

――2016「合理的配慮と能力評価」川島聡他『合理的配慮』有斐閣

星加良司・川島聡 2016「合理的配慮と経済合理性」川島聡他『合理的配慮』有斐閣

川越敏司・川島聡・星加良司編 2013『障害学のリハビリテーション――社会モデルその射程と限界』生活書院

川島聡 2011「障害差別禁止法における障害の定義――なぜ社会モデルを用いるべきか」松井彰彦他編 2011『障害を問い直す』東洋経済新報社

木村祐子 2015『発達障害支援の社会学――医療化と実践家の解釈』東信堂

西倉実季 2016「対象者の拡大可能性――合理的配慮を必要とするのは誰か」川島聡他『合理的配慮』有斐閣

Oliver, M. 1990 *The Politics of Disablement*, Macmillan（=2006 三島亜紀子・山岸倫子・山森亮・横須賀俊司訳『障害の政治――イギリス障害学の原点』明石書店）

――1996 *Understanding Disability: From Theory to Practice*, Macmillan.

榊原賢二郎 2016『社会的包摂と身体――障害者差別禁止法制後の障害定義と異別処遇をめぐって』生活書院

Samaha, A. M. 2007 "What Good Is the Social Model of Disability?," *University of Chicago Law Review*, 74（4）: 1289.

田中耕一郎 2005『障害者運動と価値形成――日英の比較から』現代書館

第5章 社会的な問題としての「言えなさ」

飯野由里子

1 「ニーズが言える社会」へのとまどい

合理的配慮のプロセスは原則として、障害者からのニーズの表明を受けて開始される。[1] ここでいうニーズの表明とは、障害者の側から社会的障壁の除去の必要性を表明することを指す。具体的には(1)インペアメント(機能障害)がある者が、(2)インペアメントとの関連で直面している社会活動上の困難、(3)その困難を軽減・解消するために必要としている配慮のうち、いずれかを表明することを意味する。障害者差別解消法(以下、差別解消法)および障害者雇用促進法(以下、雇用促進法)のもとでは、原則としてこうしたニーズ表明を受けてから障害者‐事業者/事業主間の対話を開始し、対話の中で社会的障壁とそれを取り除くために必要な合理的配慮の内容を特定することが求められている。つまり、合理的配慮によって社会的障壁を除去するためには、ニーズ表明にもとづく対話プロセスをまず作動させる必要がある。

こうした原則を設けることは、これまで「配慮」や「支援」の名のもと、障害者の意向や尊厳、人権を無視した介入や指導、不利益的な取り扱いが横行してきたことを考えれば重要である。しかし同時に以下のような懸念もある。この原則は、ニーズを表明して配慮を求めることへの責任を障害者の側にのみ課す方向で運用されないだろうか。また、その徹底は「合理的配慮を受けるためには自分のニーズが言えるようにならなければならない」といった新たな行動規範をつくりだし、障害者を特定の方向へと主体化させる力を出現させないだろうか。

一見すると、ニーズの表明は、インペアメントとの関連で自分が直面している社会活動上の困難やそれを除去する方法を他者に伝えるという行為である。しかし「伝える」という行為が成立するかどうかは、それがなされる場の状況や伝える側と受け取る側との関係性等、さまざまな要素に依存する。この意味で、ニーズ表明は決して個々の障害者の行為のみによって実現されるものではない。また、自分が社会活動上の困難に直面しているかどうかは、その原因となっている社会的障壁が軽減・除去され、活動できる状態を経験したことがなければ、あるいはそうした状態を具体的に想像することができなければ判断しにくい場合もある（平林 2017）。

それにもかかわらず障害者支援の現場では、ニーズが言えない状態そのものが克服すべき問題として設定され、言えるようになるための支援の必要性や重要性が強調されがちだ。もちろん、こうした傾向は差別解消法や雇用促進法が施行される前から見られたものではある。しかし、ニーズ表明の原則が法律の中に書き込まれたことで、その傾向がこれまで以上に強化されていないだろうか。もちろん、個々の障害者のニーズに耳が傾けられ、受け止められ、応答される社会を実現していくことは大切だ。だが、ニーズの「言えなさ」を克服すべき問題として捉え、個々の障害者や周囲の人たちの意識変容や行動変容を推奨するにとどまるだけでよいのだろうか。むしろ「社会モデル」の可能性は、「言えなさ」という現象を生じさせている社会的な権力について皮相的に単純化せず思考していく営みにおいてこそ、発揮されるはずだ。

以上の問題意識から、本章ではまず、ニーズが言えるようになることを望ましい状態として想定しているいくつかの言説を取り上げ、それらと「社会モデル」との関係を整理する（第2節）。その上で、「言えるようになる」アプローチだけでは解消されない問題があることを示すため、社会活動上の困難やその原因となっている社会的障壁の言語化や伝達をめぐり、障害者が経験しているさまざまな難しさを紹介する（第3節〜第5節）。最後に、ニーズ表明をめぐって幾重にも存在している難しさが、障害者に与えうるマイナスの影響を指摘する（第6節）。

2 「ニーズを言えるようにする」アプローチの問題

障害者がニーズを言えるようになることを重視し支援するアプローチには大きく分けて二つの方向性がある。ひとつは「(障害者)個人に働きかける」アプローチであり、もうひとつは「(障害者の周りの)環境を変えていく」アプローチである。本節では、それぞれの特徴と問題点を見ていこう。

(1)「個人に働きかける」アプローチ

「個人に働きかける」アプローチが強く打ち出されがちな文脈のひとつに障害学生支援がある。たとえば、関西にある私立大学Xの障害学生支援室では、以下の三点を支援の目標に掲げている。[2]

1 気づく力：障害学生自身が自分のできること、得意なこと、また、工夫や支援があればできることについての気づく力

2 自分の言葉で相談(発信)する力：障害学生自身が自分の目標や希望、課題やニーズ

を言語化することによって、自分に合った資源（リソース）や支援とつながり、主体的に相談（発信）する力

3　主体的に支援を活用する力：障害学生自身が主体となって課題解決や目標達成に向けて、自らの支援計画を創造（デザイン）し、学内外の多様な支援やリソースを活用する力

同様に、関東にある私立大学Yの障害学生支援室では、支援の目標として以下の三点をあげている。[3]

1　「援助要請力をつける」（困ったときに相談し、必要な支援を求める）こと
2　「自己理解を深める」（自分の得意なことや不得手なことを知る）こと
3　「工夫する力をつける」（自分でできることを増やすために工夫をする）こと

以上からもわかるように、障害学生支援の主要な目的は、差別解消法において重視されている社会的障壁の除去にあるわけではない。むしろその目的は、大学生活や卒業後の生活において大学側が必要だと考えている力能を、事前的改善措置[4]を行ったり、合理的配慮を含む支援やリソースを提供したりすることで、学生に身につけさせることに置かれている。この

ためか、障害学生支援の現場では、ニーズの「言えなさ」という問題を解消するにあたり、「個人モデル」的な手段（個々人に特定の力能を備えさせる）と「社会モデル」的な手段（力能を備えるために必要な支援やリソース等を提供する）を組み合わせた対処方法が採用される。

では、ニーズの「言えなさ」はどのような原因によって生みだされていると理解されているのだろうか。この点に着目すると、障害学生支援の現場で浸透している言説には「社会モデル」の視点が大きく欠けていることがわかる。たとえば、先に引用した支援の目標で用いられている、「気づく力」「自分の言葉で相談（発信）する力」「援助要請力」といった表現からは、個々の障害学生がこれらの「力」を身につけさえすれば、自分のニーズに気づき、発信し、支援が受けられるようになるという想定が見て取れる。だがこの想定は、ニーズの表明が文脈依存的かつ関係依存的であることをふまえると、単に安易であるばかりでなく、「言えなさ」をめぐる問題を過度に個人化している点で有害ですらある。このように、障害学生支援の言説は、ことニーズの「言えなさ」の発生原因に関しては「個人モデル」的な発想や考え方を忠実になぞっているのである。

（2）「環境を変えていく」アプローチ

これに対し、ニーズの「言えなさ」の原因を「社会的」なものに見いだすアプローチもある。これが「環境を変えていく」アプローチであり、そこでは障害者が自分のニーズを言える環境づくり、あるいは言いやすくなるための環境づくりが目指される。

たとえば、障害者が必要な情報を円滑・正確に入手できるようにするため、あるいは自らの意思を他者に伝えられるようにするため、手話、文字の表示、点字、音声、簡単でわかりやすい表現等、多様な手段をあらかじめ準備しておこうという動きはその一例である。こうした取り組みは、これまでの社会環境が多様な人びとの存在を念頭に置いて情報の入手方法や伝達方法を準備してこなかったこと、その結果、障害者等、特定の人びとの利用機会を大幅に制限してきたことに対する反省から行われる。つまり、既存のコミュニケーション手段のあり方を社会的障壁として把握した上で、その多様化を通じて、問題の解消を図ろうというものである。これは、ニーズ表明の前提条件のひとつである情報アクセシビリティの確保という点で重要であり、かつ障害者権利条約や障害者基本法、差別解消法の理念に則した実践例としても評価できる。[5]

その他、障害者が自分のニーズを言える環境づくり、言いやすくなるための環境づくりという観点から近年推奨されているのが、障害者に対する積極的な「声かけ」である。その典型は、地方公共団体等が独自に作成した障害者対応のマニュアル等において見ることができる。以下は、東京都のZ区が出しているマニュアルの中で「基本的な留意事項」として示されている内容である。

区の施設や窓口にいらっしゃるお客さまは何らかの目的があって来所されます。障害のある方もない方も同じようにサービスが受けられるように対応することが重要です。（中略）障害者差別解消法においては、「意思表示があった場合」（第七条第二項）としていますが、個別の身体等の理由や、これまでの周囲の無理解から意思表示をすることが困難となっている方もいます。また、ご本人が意思表示をしているにも関わらず私たちに聞き取る力が不足している場合もあります。障害のある方が気兼ねなく配慮を希望する旨の意思表示をすることができる環境を整えるため、職員から積極的に声かけすることが必要です。[6]

ここでは、周囲の人びとの「無理解（にもとづく不適切な対応の積み重ね）」と行政職員の側の「聞き取る力」の不足が、障害者のニーズ表明を困難にする社会的障壁としてあげられている。また、その解消手段として、職員が「何かお手伝いすることはありますか?」といった「声かけ」を普段から積極的に行うことが提案される。こうした「声かけ」は、これまで気後れしてニーズ表明ができないでいた障害者にとっては、ニーズ表明の機会を一定程度増大させる効果をもちうる。しかし、同様の手段が、もうひとつの社会的障壁（職員の側の「聞き取る力」の不足）の解消においても有効であるとは言えない。むしろ「聞き取る力」が不足したまま「声かけ」が実践されれば、新たな不適切な対応を招き、事態を悪化させる懸念もある。こうした点で、先に引用したマニュアルでは、社会的障壁の内容とその解消手段が対応していない面があり、問題が残る。また、たとえ積極的な「声かけ」という手段によって何らかのポジティブな変化がもたらされるのだとしても、それは障害者と遭遇する場、あるいは直接的なやりとりが生じる場に限られる可能性が高い。つまり、「声かけ」というアプローチによって変えることのできる「社会」の範囲は非常に限定的であり、この点で大きな限界を抱えている。

ここまで述べてきたように、「環境を変えていく」アプローチでは、情報の入手・利用・発信方法という意味での環境、周囲の人たちの意識や行動といった意味での環境に焦点があてられる。この点で、本書がいう「社会モデル」の認識論を共有している。しかし、社会的障壁の簡便でわかりやすい解決・改善を優先するあまり、その発生メカニズムの分析が不十分である。したがって、このアプローチをより「社会モデル」に即して活用していくためには、「環境」を上記した二点、さらには私たちが通常の意味で環境と呼んでいるものの範囲を超えて捉え、そこに存在する社会的障壁とそれらを生じさせている権力関係を把握する必要がある。たとえば、障害や障害者、もっといえば人の心身状態や能力に関する私たちの理解や解釈を大きく規制する言説は、さまざまなメディアを介して私たちを取り囲んでいるという意味で「環境」として捉えることができる。以下の章ではこうした広い意味での「環境」に着目し、それらがニーズの「言えなさ」にどう影響しているのか、その理由を見ていこう。

3 障害の開示とスティグマの問題

ニーズ表明の過程では多くの場合、障害の開示（disclosure）が行われる。[7] だが、こうした障害の開示をめぐり、いくつかの誤解が存在している。そのひとつが「配慮や支援を必要としていれば、自分の障害を開示するはずである。開示しないということは、特に配慮や支援を必要としていないということだ」というものである。しかし、配慮や支援の必要性は開示が生じる際の一要素でしかない。開示が生じるかどうかは、それ以外にも、その人が置かれている状況や立場、直面しているライフステージ上の変化、開示する相手に対する親密度や信頼度など、複数の要素に依存する（Olney & Brockelman 2003）。この文脈でもっとも多く語られてきたのが、本節で焦点をあてるスティグマの問題である。[8]

障害の開示とスティグマの問題については、西倉（2016）が、「行使される（enacted）スティグマ」と「感受される（felt）スティグマ」の二つに分けた議論を展開している。行使されるスティグマとは、障害者に対して向けられる否定的な反応やパターナリスティックな反応につながる表象・知識・見方のことだ。たとえば、障害者を劣った存在として描く表象や「障害者はいろいろなことができないので、常に手助けを必要としている」といった誤解や先入観に基づく知識がこれにあたる。こうした意味でのスティグマは、障害者に対する差別的・侮蔑的な態度や行動として表出することも多いため、行使されるスティグマと呼ばれる。[9]

これら行使されるスティグマの解消にあたっては、差別禁止のアプローチが一定程度有効である、と西倉は述べる（2016: 168）。ここでいう差別禁止アプローチとは、差別解消法や雇用促進法に明記されている障害に基づく差別の禁止に関連する一連の取り組みのことであり、事業者・事業主に対する差別禁止義務の明確化や、それら義務の履行を徹底していくための教育・啓発活動を含む。西倉は言及していないが、差別禁止アプローチには、障害に対する誤解の解消や偏見の軽減を目的とした教育・啓発も含まれるだろう。[10]

だが、スティグマの中には差別禁止のアプローチだけでは解消できないものがある。それが感受されるスティグマである。感受されるスティグマとは、行使されるスティグマが存在し続けている社会状況のもと、障害者自身が自らの障害や身体性に対し身につけてしまった否定的な見方や評価のことを指す。たとえば、障害者の中には、自分が実際に差別された経験があるかどうかにかかわらず、「障害のことを知られたら、差別されるのではないか」という恐怖心をもっている者が多い。その他にも、「障害のことを知られたら、相手が否定的な態度・言動をとるようになるのではないか」「これまでの人間関係が一変してしまうのではないか」「能力がない人、頼りにならない人とみなされるのではないか」「周りからの監視や介入が強まるのではないか」といった不安・心配（Price et al. 2017; Corrigan and Matthews 2003; Boyce et al. 2008）も、感受されるスティグマに含まれる。こうした恐怖心や不安、心配は、たとえ障害を理由とする差別が禁止されたとしても、また障害者に対するさまざまな誤解や偏見が社会的に解決されるべき問題にされたとしても「完全になくなるわけではない」（西倉 2016: 168）。

厄介なことに、障害の開示に伴う恐怖心や不安感、心配は個別性の高い経験であるため、個人的な問題として把握され、個々の障害者に働きかけることで解消しようとする力が働きやすい。別言すれば、「個人モデル」の密輸入（第4章参照）が起きやすい。その典型例をエンパワメント、すなわち、障害者が自らの障害の経験を肯定的に価値づけ、その有用性を認識することを通して感受されるスティグマを解消していくアプローチに見ることができる[11]。もちろん、こうしたアプローチは個々の障害者がとる対処戦略・生存戦略としては重要かつ有効な側面をもつ。しかし、本書のいう「社会モデル」の認識論をふまえるなら、感受されるスティグマを社会的障壁と捉えた上で、それを生じさせている社会的メカニズムの分析がなされなければならない。その際に有用なのが、身体的差異に関係した感情や態度の社会構築性に焦点をあてた一連の議論[12]である。これらの議論では、感受されるスティグマは行使されるスティグマやその名残なしに存在し得ないという理解のもと、個別性の高い経験であるからといって、感受されるスティグマが社会的文脈と無関係に存在しているわけではない点が強調される。

したがって、感受されるスティグマを繰り返し生み出す社会的文脈（環境）を変更していくためには、これまでとは異なる（あるいは、いまとは別の）言説、たとえば障害者をスティグマ視しない言説を粘り強く積み重ねていくしかない。西倉が指摘したように、障害を理由とする差別の禁止や障害者に対する偏見の除去は、感受されるスティグマを直ちに解消するものではない。しかしこうした取り組みを実践し続けることなしに、社会的文脈の変更もありえない。この意味で、差別禁止アプローチ（より正確には、そうしたアプローチにもとづくさまざまな社会的実践の積み重ね）は、感受されるスティグマの解消にとっても不可欠である。

加えて、障害の開示をめぐる一般的な理解という意味での環境に対しても変更が加えられる必要がある。私たちは、相手がどのような障害をもっているかがわかれば、その人のニーズを知ることができ、合理的配慮を提供しやすくなると考えがちである。しかし、ニーズを受け取る相手が依拠する認識枠組みによっては、実はそれとは逆のことが、つまり障害やニーズが否定され、合理的配慮が提供されないという事態が起きうる。ここで重要なのは、自分の障害やニーズが否定されるという経験が蓄積することでニーズ表明ができなくなる／ニーズ表明をしたくないと考えるようになる障害者がいることだ（Wendell 1996; Gage 1999）。次節では、こうした経験をしがちな障害者として「見えない障害」をもつ人たちに焦点をあて、彼ら／彼女らのニーズの「言えなさ」が、ニーズを受け取る側のどのような認識枠組みによって生じているのかを見ていく。

4 なぜインペアメントが「ある」ことを疑うのか？

改めて確認しておくと、ニーズの表明は（1）インペアメント（機能障害）のある者が、（2）インペアメントとの関連で直面している社会活動上の困難、もしくは（3）その困難を軽減・解消するために必要な配慮を表明した際に成立する。差別解消法および雇用促進法では、こうしたニーズ表明を受けてから、事業者・事業主は障害者との対話を開始し、合理的配慮の内容を特定しなければならないことになっている。したがって、合理的配慮に向けた対話の入り口に立つためには、まず自分をインペアメントのある者として開示しなければならない。

しかし「見えない障害」をもつ人の場合「インペアメントがあることを伝えたが、相手に信じてもらえなかった」という経験をしていることが多い。たとえば、車いすユーザを目の前にして「本当に障害があるのだろうか。本当は歩けるのに、大げさにふるまっているだけではないか」と疑う人は少ないだろう。これに対して、発達障害のある人や精神障害のある人を前にして「本当に障害があるのだろうか。障害を言い訳にして楽をしようとしているだけではないか」と疑う人は意外と多い。

なぜこうした疑いが生じやすいのだろうか。その理由のひとつは、障害の有無を判断するときに私たちが無意識的に依拠している認識枠組みにある。私たちの多くは「障害があるかないかは、見た目で判断できるはずだ」とどこかで思い込んでいる。つまり、特定のインペアメントと特定の印、しかも物理的かつ可視的な印を対応させることで障害の有無を判断している（Jones 1997; 飯野 2021）。たとえば、私たちが誰かを視覚障害者として認識するのは、単にその人が白杖を持って歩いているからだったりする。もちろん、こうした認識枠組み自体を差別的であると断定することはできない。しかし、それが疑う余地のないものとして前提されている場合、「白杖を持って歩いていないから、あの人は（自分や他の人と同じように）目が見えているのだろう」といった誤解や思い込みにつながりやすいということは言える。

こうした認識枠組みのもと、物理的かつ可視的な印を欠いていることを特徴とする「見えない障害」は、インペアメントが「ない」と誤認されやすい位置に置かれやすい（Samuels 2003）。このことは、合理的配慮を必要とする「見えない障害」をもつ人に不利益をもたらす。

なぜなら、現在の法制度のもとでは、インペアメントが「ない」と判断されてしまうと、それとの関連で生じているはずの社会生活上の困難も「ない」ものとされ、当然、そうした困難を軽減・解消するために必要な配慮についても、法律の対象範囲内の問題として扱われないからである。

こうした問題を解消する手段としてもっとも頻繁に取られるのが、障害者の側が多くの人びとに理解可能な印を獲得するというものである。印の幅は医師の診断書から「ヘルプマーク[13]」まで、さまざまなものがありうる。だが、こうした印を獲得したとしても、それが障害に対応した印として認識されるかどうかは、見ている側の知識や理解のあり方に依存し、このことも「見えない障害」をもつ人たちに対して不利に働く。たとえば、たとえ「ヘルプマーク」を着用していたとしても、見る側がそのマークの意味を知らなかったり理解していなかったりすれば、着用者の障害は認識されない。したがって、私たちが障害の有無を判断する際に手掛かりにしている印が限定的であればあるほど、障害が「ない」とされる可能性は高まることになる。ここからもわかるように、障害の有無の判断は、単純に可視的な印の有無に依存しているのではない。むしろそれは、可視的な印に関する人びとの知識や理解可能性に大きく依存しているのであり、この意味で社会的な問題なのだ。

では、インペアメントが「ある」と判断されれば、ニーズの表明は実現するのだろうか。

実は、「見えない障害」をもつ人たちは、インペアメントが「ある」と判断されてもなお、社会活動上の困難に直面していることを、あるいはそうした困難を軽減・解消するために特定の配慮を必要としていることを信じてもらえないという経験をしている。このような場合、つまり、インペアメントが「ある」ことが相手に伝わってもなお必要な配慮が提供されないというような場合、どのような認識枠組みが社会的障壁になっているのだろうか。また、そこにはどのような社会規範や社会観念が関係しているのか。次節では、これらの点について事例に即して考えていこう。

5　なぜ合理的配慮が提供されないのか？

（1）障害による困難を不変なものとする誤解

事例1：発達障害の影響で聴覚過敏があるAさんは、職場の環境が同じであっても聴覚過敏の症状がそれほどひどくない時もあれば、仕事がまったく手につかないほどひどい時もある。困ったことに、いつ、どのような状況下で自分の症状が強く出るのか、Aさんがあらかじめ予想することも難しい。ある日、症状がひどく、うまく仕事をすすめることができないでいたAさんは上司に難しさを感じていることを伝えた。すると、上司から「この前はできたのに、今日できないというのはおかしい。がんばれば、今日もできるはずだ。できないというのは甘えだ」といわれてしまった。

事例1では、Aさんから上司に対し、Aさんが直面している社会活動上の困難（うまく仕事をすすめることができない）が示唆されている。上司も、Aさんが何らかの困難に直面しているという事実はある程度共有している。だが、困難の原因をどこに見出しているのかという点で、Aさんと上司との間には決定的な隔たりが存在している。Aさんは、それを自身のインペアメント（発達障害）に関連するものとして捉えているが、上司はAさんの努力不足や甘えによるものとして捉えている。もちろん、上記した情報のみからどちらの認識がより妥当なのかを判断することはできない。しかし「この前はできたのに、今日できないというのはおかしい」という上司の発言から、この上司が「インペアメントとの関連で直面している社会活動上の困難」が状況に応じて変化しうるという事実を認識し損なっている可能性を読み取ることができる。

一般的にインペアメントとは、一時的な病気や怪我等によって多くの人びとが経験するような不調のことではなく、比較的長期間にわたり持続的に経験される特定の心身状態のことを指す。だが「長期間にわたり持続的」であることは、一定の心身状態が保持されることを意味しない。実際、インペアメントによって引き起こされる症状は流動的であることが多い。たとえば、事例1で取り上げた聴覚過敏は、前日の睡眠状態やその日の全般的な体調、さらには取り組んでいる仕事の内容によって、大きく変化しうる症状として知られている。同じことは、精神障害によって生じるさまざまな症状についてもいえる。さらに、慢性疾患等によって生じる痛みや痺れ、疲労感なども、その強弱の度合いによって、その人の行動を大きく制約する時もあれば、それほどでない時もある。

心身状態が一定でなく、日によって大きく変化することをふまえれば、インペアメントとの関連で直面している社会活動上の困難がいつも同じように現象・経験されるものでないことは容易に理解できるだろう。むしろ、その方が常識的な理解だといってもよい。ところが、私たちの社会には「障害者が経験する困難は一定であるはずだ」という誤解が思いの外、広く存在している。こうした誤解にもとづいて障害者が直面している社会活動上の困難の原因が把握されてしまうと、たとえインペアメントがあることが認識されたとしても、それが合理的配慮の提供に向けた対話プロセスの開始につながらない、といったことが起きうる。

(2) 困難に対する不適切な理解

インペアメントがあることが伝わり、それに関連して社会活動上の困難が生じていることが伝わったとしてもなお、合理的配慮が提供されないケースもある。以下はそうした事例である。

事例2:Bさんは精神障害による症状のため、たくさんの人が一緒にいる環境の中では仕事に集中することが難しく、職務にあたることができない。そのことを上司に伝えた上で、自分のデスクを大部屋の隅に配置し、その周りをパーテーションで囲んでもらえないだろうかと相談した。すると上司から「他の人たちからも、いまの職場が仕事に集中しにくい環境だという不満は出ている。しかし、一人ひとりに落ち着いた環境を用意するのに必要な広さがないから、みんな我慢している。精神障害があって辛いのはわかるが、一人だけ特別扱いをすることはできない」といわれてしまった。

事例1のAさんと異なり、Bさんは、自分にインペアメントがあること、それに関連して社会活動上の困難(職務にあたることができない)に直面していること、さらにはそうした困難を軽減・解消するために必要な配慮まで上司に伝えている。その意味で、これは非常に明確なニーズ表明がなされた事例だといえる。

これに対し、上司は「精神障害があって辛いのはわかる」と述べているので、Bさんのニーズ表明は上司によって受け止められたかのように思える。ところが上司は、Bさんから提案された配慮（Bさんのデスクを大部屋の隅に配置し、その周りをパーテーションで囲むこと）を「特別扱い」だと捉え、この提案を却下してしまった。なぜこうした判断が下されてしまったのだろうか。そこには相互に関連し合う二つの問題がある。

第一に、上司はBさんが表明した困難と他の従業員から出ている不満を混同することで、Bさんが直面する困難の内容を見誤っている可能性がある。Bさんから表明された困難とは、単に「集中するのが難しい」ということではなく「職務にあたることができない」というものである。それにもかかわらず上司は、他の従業員もBさんと同じように、いまの職場環境を「仕事に集中しにくい」と感じている、と応答している。「仕事に集中しにくい」環境が放置されることは決して望ましいことではない。だが、そうした環境下でもある程度職務にあたることができる人もいる。したがって、この場合、Bさんと他の従業員が同じ困難に直面しているとした上司の判断は間違っている。[14] もちろん、この職場では、他の従業員もBさんと同じように「職務にあたることができない」ほど「仕事に集中しにくい」環境に置かれている可能性もある。だが、組織全体の利益を大きく損なうこうした状況に対し、事業主が何の手段も講じず、放置し続けることは実際には考えにくい。

障害者が直面する困難に対する不適切な理解は、障害をもたない人たちも多かれ少なかれ経験する困難と同一視される時、より多くなされがちだ。たとえば、疲労や痛み、痺れ、息切れ等は、多かれ少なかれ誰もが経験する症状である。それゆえ、その大変さや辛さが想像・共感できるとされやすく、また時に自分の経験をもとに、個人的な努力（たとえば、我慢や工夫、特定の治療等）によって軽減・解消できるものと感じられてしまう。これは自分が同じ経験をしたことがあると実感することにより生じる一種のバイアスだといえる。そうした共感にもとづくバイアスが「見えない障害」をもつ人たちの直面する困難を見誤ったり過小に見積もることで、個人的に対処可能な問題として放置することに手を貸してしまうのである。[15]

（3）いまある状態の正当化

困難が適切に受け止められないことは、それ自体ひどく不当な経験である。だがそれは、困難を軽減・解消するために必要な配慮が「特別扱い」だとみなされ提供されにくくなるという、別の不当性にもつながる。これが事例2から指摘される第二の問題だ。

こうした問題は、いまある状態が公平だと信じられている時にもっとも生じやすい。なぜなら、障害者に対してのみ異なる扱いを行う合理的配慮は、いまある状態を公平だと受け取っている人の目には不公平な状態を生じさせるように映ってしまうからである。このため、教育機関で広く実施されている入学選抜試験や定期試験等、公平性の規範が強く要請される場面や、限られたリソースを多数の人びとの間で平等に配分することが要請される場面では、合理的配慮が提供されにくかったり、提供にあたって高いハードルが設けられたりすることが起きがちである。

だが、いま採用されているルールは、多様な人びとの存在を念頭に置いてつくられたものではなく、特定の人びとに不公平に働いている可能性が常にある（第6章）。この問題を解決するため、すべての人にとって公平なルールをつくりだすという手段をとることができる場合もある。しかし、ルールの大がかりな変更は時間がかかるため、一時的に多くの人たちの不便さや不安定さを引き起こしかねず、常に望ましい手段とは限らない。だからといって、いまの不公平な状態を「仕方のないもの」として放置することも社会正義の理念に反する。既存のルールの大規模な変更をしないまま、すべての人に均等な機会を提供するためにはどうすればよいのか。この問いに対し、私たちの社会が出したひとつの回答が、ひどく不公平な状態に置かれている者（たとえば障害者）に対しては、ルールを個別に変更する等、柔軟に運用することで、いま起きている不公平を是正するという方法（合理的配慮の提供）である。

したがって、公平性を理由に合理的配慮の提供がなされないという問題は、いまある社会の状態に対する適切な理解が浸透すれば、ある程度解決可能だといえる。だが、とりわけ初等・中等教育の現場では、インペアメントがあること、またそれに関連して社会活動上の困難が生じていることが伝わってもなお、公平性とは別の理由から必要な配慮が提供されないことがある。最後にそうした事例を取り上げよう。

事例3：Cさんは書字障害のため、授業中に手書きでノートをとったり宿題のプリントに解答を記入したりするのに、他の人よりも多くの時間がかかってしまい学習に遅れが生じている。そこで「手書きではなく、タブレットやパソコンを使って授業を受けたり宿題をしたりしたい」と教師に伝えた。すると、教師から「書くのが苦手でも、諦めずに何度も練習してみんなと同じようにできるようになった生徒もいる。いま手で書く練習をあきらめてしまったら、できないままになってしまう」といわれてしまった。

事例3の教師は、Cさんがいま経験している困難を、書くことが苦手だった過去の生徒たちの困難と同一のものとみなしている。この点で、Cさんが直面する困難を適切に理解していない（本節（2）可能性がある。と同時に教師は、配慮（手の代わりにタブレットやパソコンを使って書くこと）の提供が、Cさんから手で文字を書くという練習（鍛錬）の機会を奪ってしまうのではないかと心配しており、このことが配慮提供に対する消極的な姿勢につながっている。

この場合、合理的配慮の提供を難しくしている原因は、教育や学習、より大きくは学校のあり方をめぐって教師の側がもっている暗黙の前提にある。事例3の教師は「手で文字を書くこと」を「タブレットやPCで文字を書くこと」よりも望ましいあり方だと考え、生徒がその状態に近づくことに高い価値を置いている。だが、学習に参加するための手段に優劣をつけることは、果たして望ましいことだろうか。もし「手で文字を書くこと」がもっとも望ましい手段なのだとしたら、視覚障害のある子どもが点字を使って学習に参加することは、それと比べて劣った手段だということになる。そうした暗黙的なメッセージが生徒に伝わることを望ましいと考える教師は、たとえいたとしてもごく少数だろう。

それにもかかわらず「教育的指導」の名のもと、教師が個人的に望ましいと考えるあり方を児童・生徒に身につけさせようとする傾向は、あいさつの仕方（相手の目を見ることや頭をさげる角度）や教室での過ごし方（椅子の座り方や姿勢）、漢字のトメ・ハネ・ハライの書き方などをめぐり数多く存在し、それらが時に合理的配慮の提供を阻害している。したがってここでも、公平性の規範と同様、自分が考える（あるいは教えられてきた）望ましいあり方が人びとの間に存在する多様性をふまえたものではなく、特定の人びとに対して不公平に働いたり、彼ら／彼女らを苦しめたりしているかもしれない可能性を想像する必要がある。そうすることで、いまある状態を「これまでずっとそのように行われてきたから」とか「自分もそのように教えられてきたから」いう理由のみで正当化しようとするメンタリティを相対化していかなければならない。

6　何のための「社会モデル」か？

第4節および第5節では「見えない障害」をもつ人たちのニーズ表明を困難にしている原因として、可視性にもとづく障害の有無の判断、障害による困難を不変なものとする誤解、困難に対する不適切な理解、いまある状態の正当化の四つを指摘した。これらはいずれも、「見えない障害」をもつ人たちからニーズ表明がなされた時、それを受けた側が意識的・無意識的に依拠する認識枠組みであり、その意味で、「見えない障害」をもつ人たちに大きな影響を与えている環境だと言える。実際、「見えない障害」をもつ人たちの中には、これら認識枠組みにもとづく否定的な対応を繰り返し経験することで「ニーズを表明してもどうせ信じてもらえない」とか「ニーズを表明しても何もしてもらえない」といった無力感を募らせ、ニーズ表明自体を諦めてしまう者もいる。だが、これと同程度に深刻なのは、「見えない障害」をもつ人自身が上記の認識枠組みを社会規範として内面化するケースである。最後に、そうした内面化によって何が起きうるのかについて考えておきたい。

「見えない障害」をもつ人たちも、そうでない人たちと同様、障害や障害者、人の心身状態や能力、さらには公平性等をめぐるさまざまな社会規範に取り囲まれて生きている。こうした社会規範は、単に個々人の外側から他者のまなざしや言動を通して押しつけられるだけでなく、個々人の内部へと滑り込み、私たちを特定の主体として形成していく（第1章）。この意味で、私たちを取り巻く外部は同時に私たちの内部でもある。したがって、自己イメージや自己アイデンティティ、自己理解等、私たちが通常「個人」の「内面」として理解している事柄は、社会規範と無関係に存在できるわけではなく、社会規範によって特定の形式を与えられている。

同様に、第4節・第5節で指摘した認識枠組みも、「見えない障害」をもつ人たちの自己理解や自己イメージ、自己アイデンティティに大きく作用する。たとえば、事例1や2のように、自分が直面している社会活動上の困難が、自身のインペアメントと関連して生じていることを疑われ否定され続ける経験は、ニーズ表明を諦めるという選択につながるだけでなく、「自分が困難に直面していることはわかっているが、その困難が自分の障害に関連したものなのかよくわからなくなってきた」とか「以前は障害に関連していると思っていたけれど、いまはそう言えるだけの自信がなくなった」といった感覚にもつながりうる。こうした感覚をもつことが、現行の法制度のもと、障害者に対して不利に働いてしまうことはいうまでもない。

しかし、問題はそれだけではない。「見えない障害」をもつ人たちの中には、「いま直面している困難は、自分のやる気のなさや努力の足りなさによるものではなく、やはり障害のせいである」という実感を取り戻すため、自分に無理のきくぎりぎりのところまでがんばってしまい、結果、障害に伴う症状が悪化し、社会生活上の困難がより深刻化するというパターンを繰り返す者もいる。このことは、社会規範によって引き起こされる加害は、「見えない障害」をもつ人たちに、他者のまなざしや言動を通して外から引き起こされるだけでなく、「見えない障害」をもつ人自身がそれ以外の選択肢がないと感じ、自分に対してやむをえず行ってしまうものでもあることを示唆している。

だがこうした加害は、まさにそれが自己の内部でふるわれているため、個人の問題に還元され、「個人モデル」的な解決の対象とされやすい。臨床心理の分野では、第3節で触れたエンパワメント（障害者が自らの障害の経験を肯定的に価値づけ、その有用性を認識すること）に加え、「身体と対話する」ことや「体の声を聞く」ことが推奨される。これは、身体からのシグナルを受け取り処理するくせをふだんから意識化しておくことで、症状が悪化する前に自分で適切に対処できるようになったり（たとえば、学校や仕事を休んだり、薬をとったりするなど）、急激な症状悪化で大きな身体的ストレスがかかっても心的反応を抑制できるようになる（たとえば、パニックに陥ったり、過剰反応したりしない）ことを目的に行われる。[16] エンパワメント同様、身体との対話も「見えない障害」をもつ個々人の生存戦略としては必要なものであり、その有効性が過小評価されてはならない。しかし、主体の外部が同時に内部でもあるならば、たとえば「ぎりぎりのところまで無理をしてしまう」といった一見個人の選択や行動パターンに関わる事柄が、どのような社会規範との関わりで生じているのかを「社会モデル」の視点から明らかにし、その影響を言語化することは、個人の内側でふるわれてしまう加害を社会的な問題として対処するための具体的実践である。

これは障害の「社会モデル」を、障害学がこれまで想定してきた範囲を超えて適用していくことを意味する。「社会モデル」は、既存の社会環境や社会通念、社会実践の中にあり、障害者に対して不利に働く社会的障壁を指摘する上で有効なツールとして機能してきた。だが同時にそれは、障害者が社会のメインストリームに参加できるようになることへの強い期待から、公的な領域における成果の獲得に方向づけられ、結果的に、社会的障壁に関する知見の偏りを生じさせてきた。たとえば、私的な領域に関わるとされる困難経験、集合的なもの（多くの障害者に共通するもの）として把握されにくい困難経験、社会的な解決の対象になりにくいとされる困難経験等の社会構築性は見落とされる傾向にあった（Morris 1996: 10-11; 星加 2013: 30-34; 本書第3章）。

「社会モデル」が有してきたこうした傾向を、単に解決すべき社会課題の優先順位をめぐる問題として正当化してしまうことは、現在の新自由主義的な政治・経済体制のもとで加速する問題の私的領域化・個人主義化・心理学化を無害なものとして見過ごすことにつながりかねない。「社会モデル」が社会的公正を実現するためのツールとして生み出され発展させられてきた歴史を引き継ぐならば、新自由主義的な言説に介入していく方向でそれを用いていく必要がある。本章で焦点をあてたような、個人の選択や能力・力能に関わる問題として矮小化されやすい困難経験にも目を向け、そこにさまざまな形で関与する権力関係を明らかにしていくという作業はその一例である。こうした作業を通し、既存の社会において当然視されがちな社会規範や文化的価値が誰にどのような犠牲を強いることで維持されてきたのか、その社会的メカニズムを明らかにすることで、さまざまな差別や加害、暴力を下支えする論理を解体する実践的でラディカルな思考が切り拓かれていくのである。

■注

1　ニーズの表明は、差別解消法では「意思の表明」、雇用促進法では「申出」と表現される。

2　立命館大学障害学生支援室ＨＰ（http://www.ritsumei.ac.jp/drc/introduce/outline.html/）中の「支援方針」「支援目標」を参照

3　上智大学学生局学生センター障害学生支援担当「障がい学生への就学支援」（https://www.sophia.ac.jp/jpn/studentlife/specialneeds/itd24t00000loow-att/itd24t00000luek.pdf）中の「大学時代に獲得することが望まれる三つの力」を参照

4　事前的改善措置とは、施設におけるバリアフリー化や情報の取得・利用・発信におけるアクセシビリティ向上などの他、職員に対する研修などを含む。これらは、合理的な配慮がなるべく必要にならないように、不特定多数の障害者を対象に障害者が利用しやすい環境をあらかじめ整備しておくことを意味するため、環境の整備とも呼ばれる（障害者差別解消法基本方針第五の一）。

5　情報の取得・利用・発信にかかわるアクセシビリティの確保・向上の重要性は、権利条約第九条および第九条に関する一般的意見（障害者権利委員会 2014）で記されている。また、障害者差別解消法では、これら情報アクセシビリティの向上が、「バリアフリー法」にもとづくバリアフリー化や介助者等の人的支援とともに、合理的配慮を的確に行うための環境の整備として位置づけられている。

6　中野区障害者対応基本マニュアル（https://www.city.tokyo-nakano.lg.jp/dept/404500/d026233_d/fil/5.pdf）p. 18を参照。

7　本章の議論は、「自発的」（voluntary）な開示を念頭に置いている。しかし開示には、本人にとって「不本意」（involuntary）な開示や本人が「意図しない」（inadvertent）開示、あるいは、障害者・病者だけに提供される支援や配慮をあからさまな形で受けることで生じる「暗黙的」（implicit）開示もある（Goldberg, Killeen, and O'Day 2005）。このことは、開示を当人の選択の問題としてのみ把握することは適切ではないこと、さらに言えば、開示状態を望ましいものとして措定することはできないことを示唆している。

8　一般的にスティグマとは、その人に対する信頼や敬意を失わせるような情報のことを指す。たとえば、身体的な欠陥、個人の性格上の欠点、人種・民族・宗教など集団的なスティグマなどが一例としてあげられる（Goffman 1963=1970）。こうしたスティグマは、特定の社会関係において誰かを「ノーマルな人（常人）ではない」と他者化するために用いられるものである。このため、差別や排除につながる否定的な表象や誤った知識のことも、スティグマと呼ばれたりする。

9 こうした意味での行使されるスティグマは通常、障害者‐非障害者間で生じるものとして、さらには後者が前者に対して向けるものとして想定されている。しかし、実際には障害者間で生じることもある。たとえば身体障害をもつ者が精神障害や発達障害をもつ者に対して、あるいは輸血等でＨＩＶに感染した者が性的接触でＨＩＶに感染した者に対し、スティグマにもとづく差別的・侮蔑的な態度や行動を向ける場合などがありうる。

10 オーソドックスなものとしては、障害理解の促進、あるいは障害に対する「正しい」理解の促進がある。これは、障害に関する「正しい」知識を身につけることで、固定概念や先入観をなくしていこうというものである。典型的なものとしては「世界自閉症啓発デー」（四月二日）、「発達障害啓発週間」（四月二日～八日）などの取り組みがあげられる。その他、二〇二〇年の東京オリンピック／パラリンピックに向けて政府主導で進められた「心のバリアフリー」も、こうしたアプローチのひとつである。実際そこでは、「障害者＝できない人」という思い込みが「心のバリア」のひとつとして捉えられ、そうした思い込みをなくしていくことが推奨された。「心のバリアフリー」の取り組みの詳細は、第２章を参照。

11 実際、心理学領域では、感受されるスティグマとほぼ同義の概念である「セルフスティグマ」が、個人の特性や自己認識と強く結びついたものとして把握されている。このため、セルフスティグマを軽減させる要因についても、自己受容や自己効力感のあり方、その背景にある個人的な成功体験に着目した議論に終始しがちである（嶋本・廣島 2014; 横山・森元・竹田ほか 2011）。

12 障害学において、身体的差異をめぐる経験を社会的な問題として論じようとしたものとしては、キャロル・トーマス（1999）の「ディスアビリティの心理的・情緒的次元（psycho-emotional dimensions of disability）」に関する議論がある（Thomas 1999）。なお、トーマスの議論は、飯野（2011）や西倉（2016）でも紹介・言及されている。

13 「ヘルプマーク」とは、援助や配慮を必要としていることが外見では分からない人びとが、周りに配慮を必要なことを知らせることで、援助を得やすくなるよう作成されたピクトグラムのことである。

14　さらにいうと、雇用促進法のもとでは、たとえBさんが直面する困難と他の従業員のそれが同じであったとしても、事業主はBさんに対して合理的配慮を提供しなければならない。なぜなら、現行法が合理的配慮を提供するよう雇用主に義務づけているのは、障害者に対してのみであり、たとえ同じ困難に直面している非障害者がいたとしても、それは法の対象外となるからである。

15　これに対し私たちは、たとえば「目がまったく見えない」など、自分が経験したことのない心身状態を極度に恐れたり、それによって生じる困難の大きさを過度に見積もり「障害があるといろいろなことができないはずだ」という偏見をもったりすることがある。障害者に対するパターナリスティック（庇護的・保護的）なふるまいは、こうしたバイアスから生じている可能性もある。

16　身体との対話では、自分の身体の動きや呼吸のパターン等を理解するため、ヨガやマインドフルネス、太極拳の手法が用いられる。この点は、個々人のストレスへのレジリエンスを高めるようとするその他の実践と共通している。

■参考文献

Boyce, Melanie., Jenny Secker, Robyn Johnson, Mike Floyd, Bob Grove, Justine Schneider, and Jan Slade. 2008 'Mental Health Service Users 'Experiences of Returning to Paid Employment', *Disability & Society*, 23（1）: 77-88.

Brunner, Richard. 2007 *Exploring Disability Discourse amongst College and University Staff in Scotland: Developmental Findings*. Social Policy Association Annual Conference, University of Birmingham, UK, 23 Jul 2007.

Corrigan, Patrick. W., and Alicia. K. Matthews. 2003 'Stigma and Disclosure: Implications for Coming Out of the Closet', *Journal of Mental Health*, 12（3）: 235-248.

Davis, Lennard J. 1995 *Enforcing Normalcy: Disability, Deafness, and the Body*, London: Verso.

Ellison, Marsha. Langer, Zlatka Russinova, Kim. L. MacDonald-Wilson, & Asya Lyass. 2003 'Patterns and correlates of workplace disclosure among professionals and managers with psychiatric conditions', *Journal of Vocational Rehabilitation*, 18: 3-13.

Gage, Carolyn. 1999 'Hidden Disability: A Coming Out Story', Brownworth, Victoria A. & Susan Raffo. *Restricted Access: Lesbians on Disability*, Seattle: Seal Press, pp. 201-211.

Garland-Thomson, Rosemarie. 1997 *Extraordinary Bodies: Figuring Physical Disability in American Culture and Literature*, New York: Columbia University Press.

Goffman, Erving. 1963 *Stigma: Notes on the management of spoiled identity*, London: Penguin Books.（＝石黒毅訳 1970『スティグマの社会学』せりか書房

Goldberg, Susan G., Marry B. Killeen, & Bonnie O'Day. 2005 'The disclosure conundrum: How people with psychiatric disabilities navigate employment', *Psychology, Public Policy and Law*, 11（3）: 463-500.

平林ルミ 2017「読み書き障害へのICT適用とその課題：子どもたちの学び方の自己決定を支援するには？」『コミュニケーション障害学』34（2）: 67-72.

星加良司 2013「社会モデルの分岐点——実践性は諸刃の剣？」川越敏司・川島聡・星加良司『障害学のリハビリテーション』生活書院：20-40.

飯野由里子 2011「ディスアビリティ経験と公／私の区分」松井彰彦他編著『障害を問い直す』東洋経済新報社：259-287.

飯野由里子 2021「『障害があるように見えない』がもつ暴力性——ルッキズムと障害者差別が連動するとき」『現代思想』49（13）: 19-27.

Irvine, Annie. 2011 'Something to Declare? The Disclosure of Common Mental Health Problems at Work', *Disability & Society*, 26（2）: 179-192.

Jones, Megan. 1997 'Gee, You Don't Look Handicapped...: Why I Use a White Cane to Tell People That I'm Deaf', *Electric Edge*, July-August.（http://www.raggededgemagazine.com/archive/look.htm）

Kleege, Georgina. *Sight Unseen*, New Haven: Yale University Press.

西倉実季 2016「合理的配慮をめぐるジレンマ——アクセスとプライバシーの間」川島聡他『合理的配慮——対話を開く　対話が拓く』有斐閣：163-180.

Olney , Marjorie F. & Karin F. Brockeman. 2003 'Out of the Disability Closet: Strategic use of perception management by select university students with disability', *Disability & Society*, 18（1）：35-50.

Peifer, Deborah. 1999 'Seeing Is Be（live）ing', Brownworth, Victoria A. & Susan Raffo. *Restricted Access: Lesbians on Disability*, Seattle: Seal Press, pp. xx-xx.

Price, Margaret. Mark S. Salzer, Amber O' Shea, and Stephanie L. Kerschbaum. 'Disclosure of Mental Disability by College and University Faculty: The Negotiation of Accommodations, Supports, and Barriers', Disability Studies Quarterly, 37（2）. http://dsq-sds.org/article/view/5487/4653

Raigns, Belle. Rose. 2008 *Disclosure Disconnects: Antecedents and Consequences of Disclosing Invisible Stigmas across Life Domains*, Academy of Management Review, 33（1）：194-215.

Samuels, Ellen. 2003 'My Body, My Closet: Invisible Disability and the Limits of Coming-Out Discourse', *GLQ*, 9（1-2）：233-255.

嶋本麻由・廣島麻揚 2014「精神障害者が持つセルフスティグマを増強させる要因と軽減させる要因」health science, 9: 11-19.

Thomas, Carol. 1999 *Female Forms: Experiencing and Understanding Disability*, Buckingham: Open University Press.

Wendell, Susan. 1996 *The Rejected Body: Feminist Philosophical Reflections on Disability*, New York: Routledge.

横山和樹・森元隆文・竹田里江ほか 2011「精神障害者のセルフスティグマに関する質的研究——地域活動支援センター通所者を対象に」『北海道作業』28（1）：11-18.

第6章 変えられる「社会」・変えたくない「社会」

西倉実季

1 狭く解釈される合理的配慮

障害者差別解消法（以下、差別解消法）にもとづき内閣府が策定した「障害を理由とする差別の解消の推進に関する基本方針」（以下、基本方針）は、合理的配慮の「現時点における一例」として以下三つをあげている。

・車椅子利用者のために段差に携帯スロープを渡す、高い所に陳列された商品を取って渡すなどの物理的環境への配慮（以下、物理的環境への配慮）

・筆談、読み上げ、手話などによるコミュニケーション、分かりやすい表現を使って説明をするなどの意思疎通の配慮（以下、意思疎通の配慮）

・障害の特性に応じた休憩時間の調整などのルール・慣行の柔軟な変更（以下、ルール・慣行の柔軟な変更）

これらはあくまで例示であるうえ、合理的配慮の内容は障害の特性や配慮が求められる具体的場面に応じて異なり、技術の進展や社会情勢の変化にともなって変わりうる。そのため一定の留保は必要であるものの、社会的障壁の除去には、物理的環境への配慮、意思疎通の配慮、ルール・慣行の柔軟な変更という三つの形態があることがわかる。

二〇一六年四月に合理的配慮が法制化されて以来、行政、教育、雇用など社会のさまざまな場面で配慮提供のための取り組みが進められてきた。たとえば内閣府は、合理的配慮の提供に関する事例を関係省庁、地方公共団体、障害者団体などから収集し、障害種別および生活場面ごとに整理したうえで、「合理的配慮の提供等事例集」としてまとめている。[1] また、障害者差別の解消に関する条例を持つ都道府県・指定都市・中核市等は二〇二〇年四月現在で五三にのぼり（差別解消法施行前からの制定を含む）、このうち都道府県一三か所、指定都市一か所、中核市等三か所で事業者による合理的配慮が一律に義務化されている。[2]

その一方で、障害者と相手方との間で「紛争」[3]に発展し、論争を引き起こした事例もみられる。そうした事例の多くは、基本方針の分類におけるルール・慣行の柔軟な変更を求めるタイプの合理的配慮である。障害者はあるルール・慣行が自身に不利をもたらす社会的障壁であるとしてその変更を求めているのに対し、相手方（や社会一般）にはそれが社会的障壁に見えないか、たとえそう見えたとしても何らかの理由で変更してはならないと受けとめられる、という事態が生じているのである。これは、物理的環境への配慮や意思疎通の配慮にくらべると、ルール・慣行の柔軟な変更としての合理的配慮が社会的に受容されにくい事態とも言える。とするならば、現状の合理的配慮は、機材・機器の導入やその場の創意工夫によって対応可能な、単なる技術的・技法的な調整として狭く解釈されてしまっている可能性がある。

合理的配慮は、従来よりも柔軟で多様な方法を確保することを通して、障害者の主流社会への参入を促すための法的仕掛けである。そして、こうした参入方法の柔軟化・多様化は、将来的には主流社会のルールや慣行それ自体を変容させていく可能性を秘めている（西倉・飯野 2016）。合理的配慮を単なる技術的・技法的な調整として狭く解釈することは、この考え方が本来保持しているはずのポテンシャルを損ねてしまうだろう。

そこで本章では、ルール・慣行の柔軟な変更を求めるタイプの合理的配慮に着目し、それが社会的に受容されにくい理由を考察したうえで、このタイプの合理的配慮を社会に根づかせていくための方策を検討する。以下ではまず、紛争に発展した二つの事例を取り上げ、障害者と相手方との間でどのような対立状況が生じているのか整理する（第2節）。次に、こうした対立状況を現状の社会モデル理解が引き起こす問題として位置づけ、社会モデルにもとづく障害研究の課題を明確にする（第3節）。最後に、合理的配慮をマジョリティである非障害者の問題としてとらえ返し、ルール・慣行の柔軟な変更に対するマジョリティの抵抗をなくしていくための方法を検討する（第4節）。

2　紛争化した事例

（1）事例1：バニラエア問題

二〇一七年六月、友人五人と旅行するため、関西空港発奄美行きのバニラエア便に乗ろうとした車いすユーザーの男性Aさんが、搭乗カウンターの係員に「歩けない人は乗れない」と言われた。関西空港には搭乗ブリッジがあるが、奄美空港での降機は階段式タラップになるため、という理由である。Aさんは「同行者に手助けしてもらう」と伝えて搭乗し、奄美空港では友人たちに車いすごと担いでもらって降りた。しかし、関西空港行きの帰りの便に乗ろうと友人らが往路と同様に車いすを担ごうとしたところ、バニラエア社から業務委託されている空港職員に制止された。往路で車いすを担いで降りたのは「転落の危険性」があり、同社の規則違反だったと説明された。そこでAさんは車いすから降り、腕の力を使ってタラップを上った。空港職員に制止されたが、Aさんは上り切って搭乗した。

「歩けない人は乗れない」と搭乗を拒否するのは障害者差別ではないのかとの疑問から、Aさんは差別解消法の施行にともなって設置された窓口（発着地である大阪府と鹿児島県の窓口）に電話で相談し、国土交通省にもメールで報告した。行政機関からの働きかけの結果、バニラエア社は「不快にさせた」とAさんに謝罪するとともに、奄美空港にアシストストレッチャー（座った状態で運ぶ担架）や階段昇降機を設置した。

Aさんの冷静な対応を受けて相談窓口がうまく機能し、この問題は一定の解決が図られたはずであった。Aさん自身、バニラエア社から「今後は車いすの方でも利用できるようにします」という回答を得て、車いすを理由に搭乗を拒否される人が自分以外にも存在するなかで、誰でも旅行ができる社会に向けて「解決」につながったことが「僕はうれしくて」と述べている[4]。

ところが、この出来事を報じる記事が全国紙や大手ポータルサイトに掲載されると、バニラエア社の対応を問題視する意見だけでなく、Aさんへの非難が殺到した。「タラップの昇り降りが困難な場合に搭乗を拒否するのは乗客の安全確保のためのルールなのだから、それを守るのは当然だ」、「格安航空会社（ＬＣＣ）なのだから、障害者への配慮が行き届かないのはやむを得ない」、「介助が必要なのであれば、事前に連絡をするべきだ」。にもかかわらず、声を上げたり問題提起したりするのは「わがまま」であり、Aさんは「クレーマー」だというのである。[5]

差別解消法は、「正当な理由」のない障害者へのサービスの制限・拒否を禁じると同時に、社会的障壁を取り除く合理的配慮を求めており、バニラエア問題も「不当な差別的取扱い」と「合理的配慮をしないこと」の二つの点から整理することができる（飯野 2017）。本章にとってより重要なのは後者である。では、この問題においてAさんに不利にはたらく社会的障壁とは何だろうか。まず思いつくのは、奄美空港に車いすで搭乗できる設備が整えられていなかったことである。そのためAさんは、車いすで自由に移動できないという不利を被ることになった。バニラエア社がすぐにアシストストレッチャーや階段昇降機を設置したこと、報道でこの出来事を知った人たちから同社のバリアフリー化の立ち遅れを指摘する声が上がったことからも、この社会的障壁は認識されやすかったし、問題視もされやすかったと言える。

もうひとつの社会的障壁として、「自分で歩いてタラップを乗降できない人には搭乗を認めない」というバニラエア社のルールがある。報道では必ずしも明確にされなかったが、Aさんが問題に感じたのは実はこちらの方であった。[6] 旅行好きのAさんによると、設備の整っていない空港で同行者に車いすごと担いでもらったり、階段を這って上ったりすることは頻繁にあることで、歩けないことを理由に搭乗を拒否されたのは今回が初めてだったからである。ところが、インターネット上で「ルールなのだから障害者も守るべき」という反応が巻き起こったことからも明らかなように、このルールが障害者にとって社会的障壁であることは認識されにくかった。

基本方針の分類に照らすと、車いすのまま搭乗できる設備がないという社会的障壁は物理的環境に関するものであり、「自分で歩いてタラップを乗降できない人には搭乗を認めない」という社会的障壁はルール・慣行に関するものである。Aさんにとって問題なのは後者であったにもかかわらず、物理的環境は即座に改善が図られ、ルール・慣行の方は変更困難とされるという齟齬がみられたのである。

では、ルールや慣行が社会的障壁として認識されにくいのはなぜか。その理由としてまず考えられるのは、段差などの視覚的に対象化できるものとは違い、見えにくいものであることだ。「物理的な障壁」に加えて「制度的な障壁」「文化・情報面の障壁」「意識上の障壁」を「障害者を取り巻く四つの障壁」として指摘したのは、平成七（一九九五）年版の『障害者白書』であった。すでに四半世紀以上が経過しているが、国の行政機関や地方公共団体などが障壁について説明する際には、今なお「物理的な障壁のみならず、社会的、制度的、心理的なすべての障壁」[7]と注意を喚起していることからも、社会的障壁が物理的なものとして限定的に理解される傾向は根強いと言えるだろう。

ルールや慣行が社会的障壁として認識されにくいもうひとつの理由は、自明性の壁である。既存のルールや慣行は、障害のない多数派の必要性や利便性に合わせて形成され運用されているため、大多数の人々に自明視されており、それが特定の誰かに排除的に作用することに気がつきにくいのである。

さらに、仮にルールや慣行が社会的障壁として認識されたとしても、それらに例外を設けることにはさまざまな理由から抵抗が生じる。バニラエア社が「自分で歩いてタラップを乗降できない人には搭乗を認めない」というルールの変更を認めなかったのは、同行者が車いすごと持ち上げてタラップを上るのは「転落の危険性」があるという「安全上の理由」からであった。また、「ルールの遵守よりも障害者への配慮が優先されるのはおかしい」といったネット上の反応からは、ルールが例外なしに従わなければならないものとして理解されていることがうかがえる。

(2) 事例2:代筆投票問題

重い脳性まひで自筆が困難な男性Bさんは、投票用紙の限られた枠内に収まるよう文字が書けず、判読されずに無効票とされてしまうおそれがあるため、日常的に介助をしているヘルパーに代筆投票を頼んできた。代筆者に投票先を打ち明けることになるので、「日頃から身近に接しているヘルパーであれば信頼関係ができており、投票の秘密も守られる」と考えていた。ところが、参議院選挙期間中であった二〇一六年七月に期日前投票に訪れると、選挙管理委員会の担当者に「代筆は投票所の係員しかできない」と説明された。投票所の係員に投票先を伝えると、行政側に自分の思想信条が知られることになると感じたBさんは投票をあきらめざるをえなかった。8

公職選挙法（以下、公選法）四八条一項は、投票用紙に候補者名や政党名を自分で記載するのが難しい選挙人は代理（代筆）投票ができると規定している。二〇一三年五月の改正により、代筆などの投票補助者は「投票所の事務に従事する者」に限定された。

投票補助者がこのように限定された経緯については、少し説明が必要だろう。二〇〇〇年四月、認知症などの影響で十分な判断ができない人の財産管理や契約行為などを裁判所が選んだ後見人が支援・代行できる成年後見制度の導入にともない、後見人がついた人は選挙で公正な判断ができないとして、選挙権を失う規定が公選法一一条一項一号に盛り込まれた。これに対して二〇一一年二月、被後見人となったことで選挙権を失ったダウン症の女性が、選挙権を侵害するものであり憲法違反であるとして提訴した。二〇一三年三月、東京地裁は

「選挙権を制限するやむを得ない理由があるとはいえない」として、同規定を違憲であり無効とする判決を下した。[9] この判決を受けて一一条一項一号を削除する改正法が成立し、投票用紙に代筆できるのは投票所の係員に限るとする文言が四八条二項に加えられた。総務省はこの規定の運用について、投票用紙に本人の意向とは別の候補者名が書かれたり白票が投じられたりする不正を防ぐため、家族や付添人が投票補助者になることはできないと通知している。

二〇一七年三月、Bさんは投票所の係員以外の代筆を認めていない公選法の規定は憲法違反であるとして提訴した。この規定が、憲法のみならず、障害者の政治参加を保障する障害者権利条約や行政に合理的配慮を求めている差別解消法にも反しているというのがBさんの主張である。[10] 本人の意思を確認せずに家族らに投票先を書かれてしまうおそれがあったり、身近な人に投票先を知られたくないという障害者には、係員による代筆制度は必要である。それと同様に、投票所の係員に投票先を明かしたくないという障害者には、法改正前のように家族やヘルパーによる代筆を認めてほしい。Bさんはこのように、「その人にあったことをどう実現するのかが『合理的配慮』ではないか」と述べている。

社会的障壁の除去という観点から、この問題について考えてみよう。自分で投票用紙に記載する以外の方法が確保されていなければ、書字に困難があるBさんのような人は投票することができない。公選法四八条一項は「投票用紙に候補者名や政党名を自書する」というルールに例外を認める規定であり、文字を書くのが困難な障害者の政治参加を阻む社会的障壁を取り除くものである。ところが、四八条二項を加える法改正により、それまでヘルパー等の補助を受けて投票していたBさんのような人は新たな社会的障壁に直面することになった（頼尊・中田 2018）。この規定が個々の障害者の意向に沿って柔軟に運用されないことで、それ自体が社会的障壁となり、法改正以降Bさんが投票を断念せざるをえなくなったように、障害者の政治参加を阻んでしまっている。

「代筆できるのは投票所の係員に限る」というルールは、「自分で歩いてタラップを乗降できない人には搭乗を認めない」というルールと同様、視覚的に把握できるものではなく、社会的障壁として認識されにくい。ただし、バニラエア社のルールが自明性の壁ゆえに社会的障壁と認識されにくいのとはやや異なり、四八条二項の規定は、代筆投票を認めているのだから社会的障壁はすでに除去されているはずだという想定が壁となっている。この背景にあるのは、投票という社会的行為のとらえ方の狭さである。「投票する」とは、プライバシーが保護された状態で、自分の意思や判断にもとづいて一票を投じ、政治参加することを意味するはずである。たとえ結果的に投票用紙を投票箱に投函することができたとしても、候補者や政党を選ぶのに第三者の意思や判断が介在したりプライバシーが脅かされたりするとしたら、それは選挙権を十全に行使できているとは言いがたい。[11]にもかかわらず、四八条二項の規定は「投票する」という社会的行為を「投票箱に投票用紙を投函する」という動作に切り詰めて単純化し、プライバシー保護の重要性を軽視している。

さらに、この規定が社会的障壁になりうると認識されたとしても、それを柔軟に運用することには抵抗が生じる。たとえば総務省は、「不正防止」を理由に家族やヘルパーによる代筆を認めていない。選挙における「不正防止」の原則は、Bさんがほかの有権者と同様に投票の秘密を侵害されない権利よりも重要であり、優先されるべきと判断されているのである。[12]

3　社会モデル理解の問題点

以上二つの事例をもとに、障害者に不利にはたらく社会的障壁の存在が認識されているかどうかと、合理的配慮としてルール・慣行の変更がなされるかどうかとの関係を整理すると、表1のようにまとめられる。

社会的障壁の存在が認識されていないのに、合理的配慮としてルール・慣行の変更がなされることは基本的にはありえないため、斜線を入れている。また、社会的障壁の存在が認識されてルール・慣行の変更がなされれば、さしあたって問題はないため、「問題なし」とし

表1　社会的障壁に対する認識とルール・慣行の変更との関係

		ルール・慣行の柔軟な変更	
		なされる	なされない
社会的障壁の存在	認識されていない		α
	認識されている	問題なし	β

ている。検討しなければならないのは、αとβの場合である。

α：社会的障壁が認識されていないので、ルール・慣行の柔軟な変更がなされない。

β：社会的障壁は認識されてはいるが、何らかの抵抗ゆえにルール・慣行の柔軟な変更がなされない。

(1) αの問題について

二つの事例についてすでに指摘したように、社会的障壁が非物理的であり視覚的に把握できない場合（事例1、2）や自明視されている場合（事例1）、それらは認識されにくい。また、障害者の社会参加が限定的な形でとらえられると、必然的にそれを阻む社会的障壁も過小に見積もられるため、存在しているはずの社会的障壁が見落とされてしまう（事例2）。

こうした問題が起こる一因は、現状における社会モデルの理解が偏っていることに求められる。星加（2013）によれば、障害学の研究者においてさえ、「物理的なバリアフリーや直接差別の禁止を求めるための有効なレトリックとして（のみ）社会モデルを使用するような傾向」（p.23）がみられる。その結果引き起こされたのは、社会モデルの射程を社会的障壁と障害者が被る不利との対応関係が明確で、かつその解決策を提示しやすい問題に限定して使用するような矮小化された理解である。公共交通機関におけるエレベーターの不在を問題にしたり、公共性の高いイベントでの情報保障の不十分さを問題にしたりする場合がこれに当てはまるだろう。これらのケースにおいては、物理的な障壁や文化・情報面の障壁により、行きたい場所や得たい情報へのアクセスができないという不利が生じているのが一目瞭然である。また、障壁を取り除けばすぐに不利が解消することも明らかであり、たしかに財政面の負担はあるが、障壁の除去が不可能なわけでも取り立てて困難なわけでもない。

しかし、社会モデルが照準を定める「社会」はこうした特定の社会的場面だけに限定されるわけではない。なぜなら、社会モデルはもとより、個々の障害者が直面している個別的で具体的な問題のみならず、その背後にそびえる障害者を除外することで首尾よく成り立ってきた主流社会の社会構造それ自体を射程に収めるものだからである。そうした社会構造と障害者が被る不利との関係は、「エレベーターの不在と移動の制限」や「情報保障の不足とコミュニケーションの制約」のようには必ずしも見えやすくないうえ、その解決策を即座に明示しうるわけでもない。障害者を除外して構築されてきた主流社会とは、裏を返せば非障害者のニーズにはさまざまに配慮してきた社会であるから、その制度やシステムは多くの非障害者にとって「当たり前」に感じられ、それらが誰かに排除的に作用することに気づかない。自らの必要性や利便性にはすこぶる適合しているので、現状維持に何ら疑問を抱くこともないし、むしろ現状打破には強い抵抗を覚える。二つの事例を通して確認したような、大多数の人が疑問視することなく社会に深く浸透しているルールや慣行はそうした「当たり前」や「現状」の典型例であろう。エレベーターの不在や情報保障の不十分さは変えられる「社会」であるのに対し、多数派の必要性や利便性に適合的なルールや慣行は変えたくない「社会」なのである。

(2) βの問題について

事例1では、「自分で歩いてタラップを乗降できない人には搭乗を認めない」というルールが社会的障壁として認識された場合も、それに例外を設けることには「安全上の理由」から反発が起こっていた。同様に事例2では、四八条二項の規定が社会的障壁として認識された場合も、それを柔軟に変更することには「不正防止」を理由に抵抗が生じていた。みんながルールに従わなければ、公共交通機関の「安全」や選挙の「公正」は保障されないおそれがある。たしかに一部の人々の足かせになるかもしれないが、社会にとって重要な原則のためにはやむを得ないのだから、ルールに例外を認めよといった無理難題をふっかけるべきではない。バニラエア社や総務省、そしてAさんを非難した人たちは、このように考えているのかもしれない。

こうした抵抗の背景にあるのは、やはり現状の社会モデル理解の不徹底さである。序章では、社会モデルにおける「社会」を①発生メカニズムの社会性（障害はどのようにして生じているか?）、②解消手段の社会性（それを解消するために何ができるか?）、③解消責任の社会帰属（解消の責任を負う主体は誰か?）の三つに分節化した。既存のルールや慣行が障害者の社会参加を阻んでいるにもかかわらず、無批判に受容されているとすれば、それは現状の社会モデル理解において、①発生メカニズムの社会性の水準が不十分であることを意味する。

現行の社会は歴史的に非障害者のニーズのみを考慮して形成され発展を遂げてきたと同時に、障害者のニーズを軽視・無視して彼／彼女らの不利を生み出してきた。こうした視点に立てば、既存のルールや慣行は障害者の必要性や利便性をあらかじめ度外視してつくられており、けっして中立でも不偏でもない。だから、それらが柔軟性に欠けるやり方で運用されるとき、障害者は社会のさまざまな領域に参加する機会を奪われることになってしまう。まさに飯野（2017）が指摘するように、大多数の人々が「当たり前」と受け取ってきたルールのなかに「すでに『不当性』や『差別性』が含まれている」（p.192）のであり、にもかかわらず既存のルールの遵守を最優先することは、障害者差別の再生産という結果を招きうるのである。事例2について言えば、不正が許されないのはもちろんであるが、「公正」の名の下に障害者の投票機会を奪う「不公正」が問われなければならない[13]（井上 1999）。

社会モデルの要諦であるはずの①の水準の理解がきわめて脆弱であることから生じるのは、個人モデル的な理解が温存されてしまうという問題である（序章）。認識論における個人モデルの温存は、実践論にも負の影響を及ぼす。個人モデル的理解にもとづく合理的配慮は、慈善的・福祉的措置としての意味合いを帯びるため（第4章）、③の水準における解消責任の社会帰属は形骸化してしまう。ルール・慣行の柔軟な変更は社会の責務であるという見方に納得がいかない人がいるのは、このためである。このように形骸化した解消責任にもとづく実践においては、現状の変革に向けたモチベーションやそのための社会的コストへの理解も得られにくいので、②の解消手段の社会性も限定的になりがちである。ルール・慣行の柔軟な変更の必要性が指摘されても腑に落ちない人が少なくないのは、このためである。したがって、ルールや慣行の柔軟な変更に対する抵抗をなくしていくには、社会モデル理解における①の水準の徹底が不可欠である。今なお「やむを得ない」と理解されがちな問題に対してその発生メカニズムの社会性を指摘し、それによって問題の可変性を議論していくことは、社会モデルが発揮しうる実践性のひとつである（星加 2013）。

ただし、ルール・慣行が中立でも不偏でもないと認識されてもなお、それらを変更することに抵抗が生じる場合がありうる。障害者の社会参加のためのルール・慣行の柔軟な変更は、別の価値との対立を引き起こすからである。事例2では、Bさんにヘルパーによる代筆投票を認めれば不正が起こるかもしれず、不正を防止しようとするとBさんは選挙権を行使することができない、という緊張関係が生じている[14]。選挙権の行使と公正な選挙という、私たちにとっていずれも大切な価値が対立しているとき、置かれた立場によっては、社会的障壁の除去による障害者の社会参加よりも優先されるべき価値があるという判断がなされることがある。たとえば、投票所の係員のように不正の責任を直接問われる立場であれば、たとえ投票できない人が出てくるとしても、不正防止の方を重視するだろう。そうした利害関係のない第三者である場合も、不正をしたら社会的制裁を受ける公務員に投票補助者を限定してそのリスクが発生する可能性を低めることは理に適っている、という判断がなされるかもしれない[15]。

私たちにとって大切な価値が対立し、あれかこれかの緊張関係にあるとき、どちらを優先するかには、その人が社会においてどのように位置づけられるかという「立場（ポジション）」も大いに関係している。マイノリティのリアリティをどの程度共有しているかによって、どちらの価値を優先するべきか、その判断が左右されるのである。たとえば、障害者と介助者とが歴史的にどのような関係性を模索してきたかをよく知っている人は、介助者が障害者の意思に反して投票する可能性はきわめて低いと判断し、障害者の投票権の行使をより重視するだろう。すなわち、障害者のリアリティが共有されていないほど、障害者側の不利を過小に、その不利と引き換えに回避されるリスク――事例1であれば「転落の危険性」、事例2であれば選挙の「不正」――を過大に見積もることになる。マジョリティは往々にしてマイノリティのリアリティを共有していないから、マジョリティ側の判断にはそうした立場によるバイアスがかかる。[16]

βの問題に関してもうひとつ指摘しておきたいのは、バニラエア社の言う「転落の危険性」や総務省の言う「不正防止」がまだ起こっていない危険の可能性の予期であるという点である。車いすの転落や不正な投票が実際には起こっていない段階でそうした危険や損害が起こる可能性をあらかじめ見越して、それらを避けるという目的がルールの柔軟な変更の拒否を正当化する理由にされているのである。

星加（2016）はこうした事態を「リスク回避としての排除」（p.23）と呼び、あくまで確率論的な現象であるはずのリスクが過大に見積もられ、その回避を理由に障害者の空間的な分離や排除が正当化されることを問題にしている。二つの事例においても同様に、リスク回避としての排除が生じていると言えよう。星加によれば、こうしたリスクに対する認識のあり方を変えていくには、合理的配慮の実行に必要な障害者と相手方との対話をうまく機能させることが有効である。つまり、漠然としたリスクを個別具体的な文脈のなかに位置づけ、双方がコミュニケーションしながら、危険や損害が具現化する可能性はどの程度か、どのような方法でそれを回避できるかについて検討するのである。事例1であれば、「転落の危険性」というリスクをこれまで何度も同行者に車いすごと担いでもらった経験があるAさんの搭乗という個別具体的な場面に置き直し、Aさんとバニラエア社が互いの事情をふまえたコミュニケーションが図れていたら、いたずらに予防的な対応がとられることは避けられたかもしれない。

4 マジョリティ問題としての合理的配慮

前節の検討をふまえると、不可視化された社会的障壁への認識を促し、ルールや慣行の柔軟な変更に対する抵抗をなくすには、①発生メカニズムの社会性に定位して社会モデル理解を確かなものにしていかなければならない。既存のルールや慣行には歪みや偏りが含まれていること、ルールや慣行を柔軟に変更する合理的配慮はそうした歪みや偏りを――たとえ個別的・局所的にであったとしても――是正する措置であること、だからこそ既存のルールや慣行の保持よりも優先されなければならない場合があることを説明し、ルール・慣行の柔軟な変更に対して抵抗を覚える人たちを説得していく必要がある。あまりにも愚直なやり方に見えるかもしれないが、社会モデルの本領がいまだ発揮されていない現状では、取り組む余地が大いに残されている。

この基本的足場を確認したうえで、以下では、それでも納得できない人をいくつかのパターンに分けて、その抵抗をなくしていくための方法を提案したい。いずれにも共通するのは、合理的配慮をマイノリティである障害者ではなく、むしろマジョリティである非障害者の問題として位置づけるという発想である。

（1）ルールは絶対的・中立的であるという人に向けて

まず、「困る人がいるのはわかるが、例外を認めていたらルールが形骸化して収拾がつかなくなってしまう」という意見があるだろう。ここには、物理的環境への配慮や意思疎通の配慮とは異なる、ルール・慣行の柔軟な変更特有の問題が浮かび上がる。マジョリティにとってルールや慣行は自明のものであり、場合によっては深く内面化・身体化されているため、それが相対化されることには強い抵抗がともなうのである。自身が大切にしてきたものが脅かされるような感覚が引き起こされると考えてよいだろう。
ルールとは何かという問いに答えるのは簡単ではないが、ひとまず、さまざまに異なる者同士が共生し、互いを尊重しながら社会生活を円滑に営むための指針や規準と考えてみよう。この場合、多様な社会成員の共生が目的であり、ルールはそれを達成するための手段である。もちろん優先されるべきは目的の方であるから、共生の遂行に役立つのであれば他の手段を用いても問題はないはずである。にもかかわらず、一部の社会成員を排除するという代償を払ってでも、特定のルールを例外なく硬直的に運用することに固執するとするならば、それは目的の転移に他ならない。

こうした目的の転移は、事例2においてもみられる。公選法一条は、「この法律は、日本国憲法の精神に則り、衆議院議員、参議院議員並びに地方公共団体の議会の議員及び長を公選する選挙制度を確立し、その選挙が選挙人の自由に表明せる意思によつて公明且つ適正に行われることを確保し、もつて民主政治の健全な発達を期することを目的とする」と法の目的を規定している。法の本来の目的は、民主主義の健全な発達を期することであり、公明かつ適正な選挙の実現はあくまでそのための手段である。ところが、公選法は世界的に見ても規制の多い「べからず法」であり、本来の目的を阻害する要因になっている（山本 2011）。

多様な社会成員の共生という目的の達成のためには、ルールはむしろ一元的であってはならず、文脈依存的に複数のルールが併存していて構わないはずである。人の多様性に応じてルールも多元的である方が合理性があるはずなのに、そうでないとするならば、その背景にあるのはマジョリティとマイノリティとの間の権力の非対称性である。こうした非対称性をあぶり出す有効な仕掛けとして、マジョリティをマイノリティの立場に置く思考実験がある。以下に示すイギリス障害学の代表的論者V・フィンケルシュタインによる寓話「障害者の村」がよく知られている（Finkelstein 1975）。

この村の多数派は車いすユーザーである。村では車いすユーザーが自らのニーズに従って暮らし方を計画しており、建物も自分たちの身体的条件に合わせて設計している。天井の高さは二メートル二〇センチ、ドアの高さは一メートル五〇センチといった具合である。健常者はというと、腰をかがめて生活しなければならないため腰痛になったり、ドアの上枠に頭をぶつけて青アザをつくったりしている。そのため、彼／彼女らのために車いすユーザーの専門家たちが検討し、ケガ防止のヘルメットを支給したり車いすユーザーと同じ高さに腰を曲げる補装具を開発したり、根本的な解決のためにはいっそのこと足を切断するしかないといった意見が出されたりする。

「健常者」の困難の原因になっている建物の構造は温存したまま、彼／彼女らへの手助けをあれこれ講じるやり方について、多くの人は奇妙さや理不尽さを感じずにはいられないだろう。しかし、障害者と健常者を逆さまにすれば、現実の社会で起こっていることは、この架空の世界の出来事とどれほど違うだろうか。これがフィンケルシュタインの問題提起である。「障害者の村」では「健常者」が「障害者」へと容易に変化することから明らかなように、現実の社会でマイノリティが直面する困難は個人の心身に由来するのではなく、マジョリティとの間の不均衡な力関係から生じている。この場合のマジョリティとは、単に人口が多い集団ではなく、その社会のあり方を決める主導権を掌握している集団を指す。

健常者にとって自分が健常者であることは「普通」のことであり、取り立てて意識にのぼらない。しかし、ある集団の行動様式や価値観がその社会の「普通」とされるということは、その人々をひときわ優位な立場に置く。それ以外の人々は努力したりコストを払ったりしながら「普通」に合わせなければならないのに対し、その人々自身は何もせずとも周囲が合わせてくれるからである（塩原 2012）。しかも、健常者が「普通」とされる社会では、健常者が特権的な立場にあることは不可視化され、それが問題として認識されることさえなく、そうした特権を持たない障害者は不利な立場に置かれる。このように考えてみると、マイノリティが直面する困難は単なる個別の困りごとではけっしてなく、マジョリティが社会のあり方を決める主導権を握っていることから生じる構造的な問題に他ならない[17]。障害の発生メカニズムに焦点を当てる社会モデルが導くのは、こうした視点である。

ルールはいつ誰にでも同じように適用されるため、いっけん中立に見える。しかし、それらは健常者の行動様式や価値観を「標準」として形成されており、健常者を圧倒的に優位な立場に立たせるという意味で、あらかじめ偏りを含んでいる。合理的配慮とは、健常者仕立てのルールに例外を認めることでこうした偏りを是正し、多様な社会成員の共生を促す「共生の技法」なのである（川島・星加 2016）。

(2) 自分が負担を負うのは納得できないという人に向けて

次に、ルールが絶対的・中立的でないことはわかったが、「自分がその是正措置をしなければならないのは納得がいかない」という意見があるかもしれない。健常者仕立てのルールをつくったのは自分ではなく、その意味で非はないにもかかわらず、なぜ配慮提供の負担を負わなければならないのか、という反発である。こうした反発を抱く人に対しては、政治哲学者I・M・ヤングによる歴史的に形成され社会的に構造化されてきた不正義への「責任」というアイディアを紹介したい。

「責任」に対する一般的な考え方は、罪を特定し、個人にその責任を負わせるものである。しかし、こうした「帰責モデル（liability model）」では構造的不正義に対する責任を問うことはできない。なぜなら、社会構造は多くの人々が間接的、集合的、累積的に社会プロセスに関与することで成立しているのであって、特定の個人にその不正義の責任を負わせることはできないためである。そこでヤングが提唱するのが、責任の「社会的つながりモデル（social connection model of responsibility）」である（Young 2011=2014）。

社会構造とは、他者との関係によって位置づけられた個人の行為の集積である。個人が許容された規則と規範の範囲内で自らの目的や関心を追求しようと行為したとしても、その結果、広範な行為の選択肢が与えられる人もいれば、行為の選択肢を狭められる人もいる。このような構造的プロセスに注意を向けるならば、私たちの行為は、限られた選択肢しか持たない立場の人々を窮地に陥れながら、構造的不正義の生産・再生産に絶えず加担していることになる。したがって、たとえ間接的であれ、不正義をもたらすプロセスに関与している以上、私たちは個人の行為の集積としての構造的不正義に対する責任を分有している。構造的不正義への責任があるということは、不正義をもたらす現在の構造的プロセスを変化させる責任を負うことを意味している。これがヤングの言う「社会的つながりモデル」である。

私たちは共通の社会構造を生きているが、社会的なカテゴリーや立場によって、その構造が自らの行為の選択肢にどのような影響を及ぼすかが異なる。ここまで確認してきたように、障害者にとっては現行の構造そのものが障壁となり、自らの行為の選択肢が狭められ、社会参加が制限される結果を生む。一方、同じ構造を共有する非障害者にとっては、その構造のおかげでより多くの選択肢を獲得し、人生の可能性をより広く高く切り開くことにつながる。このように、個々の非障害者に罪や過失があるのではないが、構造的不正義を生み出すプロセスに関与しているのであり、よってその結果に対する責任を分有しているのである。分有される責任を果たすには、自らの行為を調整したり、さまざまな活動や関係性を再編成する必要があるとヤングは指摘する。合理的配慮を通じたルールや慣行の柔軟な変更は、まさしくそうした「調整」であり「再編成」ではないだろうか。[18]

序章において、①発生メカニズムの社会性と③解消責任の社会帰属を区別したように、構造的不正義に加担していることと構造的不正義に対する責任を分有することは、本来は水準が異なる問題である。しかしヤングは、不正義が生じたことへの責任を過去遡及的ではなく未来志向的なものと位置づけ、かつその責任を不正義を生み出すプロセスに関与したすべての行為者に負わせる「〈これからの正義への集合的責任〉論」（神島 2018: 22）の構想のなかで、あえてこの二つを積極的に接続させていると考えられる。

（3）ルールが偏ったままで構わないという人に向けて

最後に、「この社会構造のなかで自分は行為の選択肢を狭められる側にはいないので、構造的不正義は是正されない方がかえって好都合である」といった開き直りとも言える意見があるかもしれない。現状維持にメリットを感じるこうした人々に伝えたいのは、ルール・慣行の柔軟な変更は結果的にマジョリティにとっての利益にもなる、ということである。

障害者からあるルールが社会的障壁になっているとの申出があった場合、相手方はそのルールはそもそも何のために設けられているのか、例外を認めることは可能か、可能であるとすればどの程度認められるかといった検討を開始することになる。これまで不問に付されてきたものが遡上に載せられ、見直しを迫られるのである。もちろん、差別解消法下では相手方に「過重な負担」を課す配慮は提供しなくても法律違反ではないから、検討の結果、そのルールの柔軟な変更は認められないという結論に至ることはありうる。とはいえ、組織や社会全体のなかで申出を受けての見直しが常態化し、障害者の意思表明と相手方の応答から構成される双方のコミュニケーション・プロセスが作動するような文化的変容が生起すれば、障害者以外の人の申立についても対話を通して検討しようとする構えが生まれるだろう。

社会の歪みによって困難に直面しているのは障害者だけではない。ルールや慣行が多数派の必要性や利便性に合わせてつくられているとしたら、たとえば民族的、宗教的、性的マイノリティにもしわ寄せがいっているに違いない。社会的マイノリティに限らず、抽象的な「多数派」仕立てのルールが杓子定規に適用されることで相当な無理を強いられ、場合によっては社会参加の機会を奪われている人――たとえば心身の不調を抱える人、他者のケアを集中的に担っている人、災害や事件・事故の被害を受けた人など——もけっして少なくないはずである。合理的配慮の実行に必要なコミュニケーション・プロセスが組織や社会全体に組み込まれれば、障害者や社会的マイノリティに限らず、さまざまな社会成員のニーズへの感受性が磨かれ、あなたのいまだ表明されていないニーズに配慮される環境が整う可能性が高まるはずである。「自分もしんどい思いをしてルールに合わせているのに、障害者だけ例外が認められるのはずるい」と感じる人がいるとしたら、むしろそういう人にこそ、合理的配慮が持ちうる潜勢力に注目してもらいたい。[19]

こうして障害者以外の人の申立に対しても見直しが図られるとき、実質的には対象を障害者に限定することなく合理的配慮が実施されていることになる。現状の差別解消法では、法的保護の対象を障害者以外に拡張するのは難しいが、それが望ましいとなれば、法的枠組みを普遍化すること——合理的配慮の普遍化——につながっていくのではないか。もちろん、法的義務はあくまでルール・慣行の柔軟な変更であり、組織の文化や社会全体の慣習それ自体を直接変更することではない。しかし、合理的配慮の実行にともなうコミュニケーション・プロセスが持ちうる以上のような可能性に目を向けるならば、合理的配慮の実践がこの社会のなかで積み重ねられていくことのメリットはマジョリティにとっても大きい。マジョリティとしての非障害者も一枚岩ではなく、自らのニーズを表明できず、それが満たされていない人々は多数存在するのだから、合理的配慮の普遍化は探求されるべき課題である。[20]

ルール・慣行の柔軟な変更に対する抵抗は、今の社会を「変えたくない」「変える必要がない」と思っているマジョリティの側の問題である。そのため、合理的配慮という考え方を社会に定着させ、そのポテンシャルを開花させていくには、「特権に無自覚なマジョリティ」への働きかけはきわめて重要な意味を持つ（Goodman 2011=2017）。マジョリティはなぜ「特権」に無自覚でいられるのか、「特権」を認めるのにこれほどの抵抗が起こる要因は何か、どのような理由があればマジョリティは構造的不正義への責任としての合理的配慮を支持するのか。こうした観点からの検討が求められている。

このとき、社会モデルに要請される役割とはどのようなものだろうか。社会モデルは従来、エレベーターの不在や情報保障の不足といった個人に外在する障壁を問題化することは得意としてきたが、その反面、マジョリティの特権への無自覚さなどの内面化された価値観については十分に語ってこなかった。短期的かつ目に見える成果を求めるあまり、比較的解決策を提示しやすい課題に関心が集中し、容易には変革しえない課題を俎上に載せることがどこか迂遠なやり方に見えたのかもしれない。しかし、現行の社会を「変えたくない」「変える必要がない」といった現状維持に向けたマジョリティの頑強さに対峙しようとするとき、マジョリティに内面化された価値観は、社会モデルが射程に収めるべき「社会」の中心に据えられるはずである。

■注

1　内閣府「合理的配慮の提供等事例集」（平成二九年一一月）〈https://www8.cao.go.jp/shougai/suishin/jirei/example.html〉。

2　内閣府障害者施策担当「障害者差別の解消に関する地方公共団体への調査結果」（令和三年三月）〈https://www8.cao.go.jp/shougai/suishin/sabekai/pdf/region/r02-kekka.pdf〉。すでに公布されている場合は、未施行の場合でも「制定済み」として数えられている。障害者差別解消に特化した条例に限定せず、条例の一部において障害者差別解消に関係する規定を設けている場合も含む。

3　「紛争」というと裁判に発展した事例が想起されるかもしれないが、それだけに限定されない。日本学生支援機構（2018）によれば、「紛争」とは「大学等と学生が、双方の欲求が同時に充足されていない状況（対立した状況）で、自己の欲求の実現に向け、相互に要求と拒絶を行なっているプロセス」（p.10）をさす。

4　バニラエア問題の経緯については、『朝日新聞』二〇一七年六月二八日朝刊（「車いす客　階段上らされる」）および『朝日新聞』二〇一七年八月七日朝刊（「障害者配慮の社会道半ば　車いす男性、バニラエアに自力で搭乗」）を参照した。また、この問題をめぐって車いすユーザーの男性がラジオ出演した際のやり取りも参照した（TBSラジオ「荻上チキ Session-22」二〇一七年六月二九日放送「バニラ・エアの車椅子対応から考えるバリアフリーのあり方」〈https://www.tbsradio.jp/160527〉）。

5　松波（2019）によれば、バニラエア問題に対するネット上のバッシングには、以下三つの傾向があったという。一つ目は、「LCCなのだから我慢せよ」という、格安航空会社であることを理由にサービスが行き届かないのは仕方がないとするものである。二つ目は、不測の事態を引き合いに出し、障害者が搭乗すること自体を「迷惑」であるとするものである。三つ目は、Aさんの行動を「わがまま」「パフォーマンス」「特権を求めている」とし、「ほかの善良な障害者が迷惑する」というものである。この背景には、自らの分をわきまえ、自己主張などしないでおとなしくしているべきといった非障害者から障害者への役割期待である「障害者役割」（石川 1992: 118, 松波 2003: 52）が見て取れる。木村（2018）によれば、ネット上での障害者や性的マイノリティ、生活保護受給者などへの「批判的視線、非寛容」は、「弱者利権」認識にもとづくマイノリティへの「違和感」が動機となっている。木村はこれを、マジョリティではあるがマジョリティとして十分な利益を享受していないと感じている人々による「非マイノリティポリティクス」（p.136）と呼んでいる。また、障害者が「特権を求めている」という反発には、栗田（2018）が指摘する「障害者はもはや被差別者ではなく権利を主張し過ぎる」という「現代的差別意識」（p.144）を読み取ることもできる。

6　争点がずれた形で報道されたという問題もある。「歩けない人は乗れない」というバニラエア社のルールが障害者差別なのではないかという問題提起であったはずが、タラップを這って上らされたことが「屈辱的な扱い」であるという告発として報道された。これに対してAさんは、差別解消法を後ろ盾に「声を上げて相談すれば解決するかもしれない」という事例として取り上げてほしかったと述べている（TBSラジオ「荻上チキ Session-22」二〇一七年六月二九日放送「バニラ・エアの車椅子対応から考えるバリアフリーのあり方」〈https://www.tbsradio.jp/160527〉）。

7　たとえば、内閣府「バリアフリー・ユニバーサルデザイン推進要綱」においては、「バリアフリー」を「物理的な障壁のみならず、社会的、制度的、心理的なすべての障壁に対処するという考え方」と説明している〈https://www8.cao.go.jp/souki/barrier-free/20barrier_html/20html/youkou.html〉。

8　代筆投票問題の経緯については、『朝日新聞』二〇一七年二月三日夕刊（「代理投票「ヘルパーも」「係員のみ」公選法問い、提訴へ」）、『朝日新聞』二〇一七年一〇月一九日朝刊（「自筆難しい障害者の投票、ヘルパーの代筆に法律の壁」）、『毎日新聞』二〇一七年一〇月一九日朝刊（「『代筆投票』もっと柔軟に　ヘルパーや家族にも」）、『東京新聞』二〇二〇年二月二五日朝刊（「障害者の秘密投票ないがしろ　家族やヘルパーの代筆認めず」）を参照した。

9　公選法一一条一項一号の違憲性、とくに「政治的判断能力」を選挙権行使の要件とすることの問題点については、戸波（2013）、杉浦（2013）を参照のこと。

10　投票補助者を「投票所の事務に従事する者」に限定する四八条二項は、憲法一五条四項にもとづいて保障されている「投票の秘密」を放棄しなければ選挙権を行使できない者を新たに生み出しており、この意味で不利益変更である（倉田 2019）。同規定はまた、障害者権利条約第二九条（a）の（iii）「選挙人としての障害者の意思の自由な表明を保障すること。このため、必要な場合には、障害者の要請に応じて、当該障害者により選択される者が投票の際に援助することを認めること」に違反している（川島 2019）。とりわけ、条約の交渉過程で「障害者に提供されるいかなる援助も、当該障害者の要請がある場合に限り、かつ、当該障害者が信頼を寄せる者によってのみ提供されるべきである」という政府間合意の下で（iii）が設けられたことに照らすと、四八条二項は条約違反であるし、合理的配慮の否定をもたらすことにもなる。

11　代筆投票を合理的配慮としてとらえるならば、それは単に機能的なニーズを充足すれば事足りるわけでなく、障害者のプライバシーを考慮することが求められる（西倉 2016）。

12　二〇二〇年二月二七日、大阪地裁は公選法の規定は合憲との判断を示した。判決理由では、公務員である投票補助者は守秘義務を負っており、政治的中立性が確保されるとし、「（障害などのある有権者が）不当な圧力や干渉を受け、自由な意思の表明ができなくなるおそれを一定程度回避できる」と、規定には合理性があるとした（『東京新聞』二〇二〇年二月二八日朝刊）。二〇二一年八月三〇日、大阪高裁は、公選法の規定を合憲と判断し、原告側の訴えを退けた。

13　投票率の向上やそのための主権者教育の重要性が叫ばれるなか、「『投票できるのにしない人』の棄権防止も大切であるが、『投票したくてもできない人』の参政権保障こそ真剣に考えられるべき」（井上 1999: 11）との指摘を真摯に受けとめる必要がある。

14　ただし、裁判で国側はBさんのような障害者の代筆において不正が行なわれたという事実を示していない（『東京新聞』二〇二〇年二月二五日朝刊）。

15　事例1において、障害者がLCCに過剰なサービスを要求すると「運賃が上がってしまう」というネット上の反応がみられた。発言者は事件関係者ではないという意味では第三者であるが、この発言の真意は「自分が安く乗れなくなったら困る」ということであるため、第三者どころかステークホルダーに他ならない。

16　障害者と介助者との関係性を検討したものとしては、安積ほか（2012）、前田（2009）、渡邉（2011）など。

17　乙武洋匡は、「障害や病気とともに生きる人々」がリモートワークやオンライン教育などを望んでも一向に普及しなかったにもかかわらず、新型コロナウイルスの感染拡大によって状況が激変したことについて、次のように述べている（乙武 2020）。

> あれだけ熱望したのに、あれだけ声を上げていたのに、ちっとも耳を傾けてもらえなかった。ところが、いざ「自分たち」が同じような困難に直面したら、これだけスピーディーに、これだけダイナミックに世の中は変わっていくんだなって。やっぱり、ちょっと、悔しいんですよ。
> やっぱり、この社会は「多数派」のためにできているんだな、って。

また、G・ペリーによる「デフォルト（初期値）マン（default man）」に関する議論は、ジェンダー／セクシュアリティ分野におけるマジョリティ性の問題を検討したものである（Perry 2016=2019）。ペリーは、その世界観やものの見方が社会の標準とされ無徴化されているという意味で、白人・ミドルクラス・ヘテロセクシュアルの男性を「デフォルトマン」と呼び、彼らが持つ権力や特権について痛快な考察を展開している。

18　本章とは立場を異にするが、障害者への配慮提供について集団的責任論の観点から検討したものとして、川越（2013）がある。

19　これはやや楽観的な見立てではないかという批判があるかもしれない。合理的配慮をめぐって実際に起きている事態に目を向ければ、むしろコミュニケーション・プロセスの困難さが浮かび上がるためである。一例を挙げれば、基本方針では「過重な負担に当たると判断した場合は、障害者にその理由を説明するものとし、理解を得るよう努めることが望ましい」とされているにもかかわらず、その判断がどのようになされたのか透明性が担保されておらず、結果的に障害者と相手方との対立の構図ができてしまう場合がある。

20　ただし、一般の人々を説得するのに有効であるとはいえ、合理的配慮の正当化の論拠をマジョリティにとっての利益に求めることには陥穽がある。なぜなら、こうした議論は「マジョリティの利益に適わないのであればやらなくてよい」という解釈の余地を残してしまうためである。何より、障害学が問題化してきたのは、マジョリティである非障害者目線の「有益である／ない」「役に立つ／立たない」という基準で人間や物事を判断する価値観だったはずである。また、ルールに例外を設けるという措置が必要不可欠であることはここまで議論してきた通りであるが、それは配慮の被提供者の他者化と背中合わせでもあるという問題もある。合理的配慮が障害者を「特別な配慮が必要な特別な人」とする見方を強化するおそれがあることを考慮すると、こうした他者化を回避するために合理的配慮の普遍化が持つ可能性は小さくない。これらの残された課題については、稿を改めたい。

■文献

安積純子・岡原正幸・尾中文哉・立岩真也 2012『生の技法——家と施設を出て暮らす障害者の社会学［第3版］』生活書院

Finkelstein, Vic. 1975 "To Deny or Not to Deny Disability," *Magic Carpet*, xxvii, No.1, pp.31-38.

Goodman, Diane J. 2011 *Promoting Diversity and Social Justice: Educating People from Privileged Groups*, Second Edition, Routledge.（=2017 出口真紀子監訳『真のダイバーシティをめざして――特権に無自覚なマジョリティのための社会的公正教育』上智大学出版）

星加良司 2013「社会モデルの分岐点――実践性は諸刃の剣？」川越敏司・川島聡・星加良司編『障害学のリハビリテーション――障害の社会モデルその射程と限界』生活書院：20-40.

―――― 2016「リスク回避としての排除――日本における障害差別の諸相」『ヒトと動物の関係学会誌』45: 23-26.

飯野由里子 2017「『困らせている』社会を変える――障害者差別解消法が求めているもの」『世界』900: 188-195.

井上英夫 1999「障害をもつ人と参政権」『ノーマライゼーション』19（11）：10-12.

石川准 1992『アイデンティティ・ゲーム――存在証明の社会学』新評論

神島裕子 2018「構造的不正義としてのハラスメント――ヤングの責任モデルによる、大学におけるセクハラ問題の考察」『哲学』69: 21-31.

川越敏司 2013「障害の社会モデルと集団的責任論」川越敏司ほか編『障害学のリハビリテーション――障害の社会モデルその射程と限界』生活書院：52-76.

川島聡 2019「国際法における障害者の投票権と国家の義務」『神奈川法学』51（3）：149-171.

川島聡・星加良司 2016「合理的配慮が開く問い」川島聡・飯野由里子・西倉実季・星加良司『合理的配慮――対話を開く、対話が拓く』有斐閣：1-15.

木村忠正 2018「『ネット世論』で保守に叩かれる理由――実証的調査データから」『中央公論』132（1）：134-141.

倉田玲 2019「代理投票をさせることができる選挙人の投票の秘密」『立命館法学』384: 1-52.

栗田季佳 2018「障害」北村英哉・唐沢穣編『偏見や差別はなぜ起こる？――心理メカニズムの解明と現象の分析』ちとせプレス：133-152.

前田拓也 2009『介助現場の社会学――身体障害者の自立生活と介助者のリアリティ』生活書院

松波めぐみ 2003「『障害者問題を扱う人権啓発』再考――『個人-社会モデル』『障害者役割』を手がかりとして」『部落解放研究』151: 45-59.

―――― 2019「公正な社会を阻んでいるものは何か――障害者差別解消法と合理的配慮概念を手掛かりに」『立命館生存学研究』2: 69-111.

日本学生支援機構 2018『合理的配慮ハンドブック――障害のある学生を支援する教職員のために』

西倉実季 2016「合理的配慮をめぐるジレンマ――アクセスとプライバシーの間」川島聡ほか『合理的配慮――対話を開く、対話が拓く』有斐閣: 163-180.

西倉実季・飯野由里子 2016「障害法から普遍的理念へ」川島聡ほか『合理的配慮――対話を開く、対話が拓く』有斐閣: 195-207.

乙武洋匡 2020「四四歳を迎えた私から、みなさんへのお願い。」〈https://note.com/h_ototake/n/n421eb8211e0a〉

Perry, Grayson. 2016 *The Descent of Man*, Allen Lane.（=2019 小磯洋光訳『男らしさの終焉』フィルムアート社）

塩原良和 2012『共に生きる――多民族・多文化社会における対話』弘文堂

杉浦ひとみ 2013「被後見人の選挙権回復訴訟――被後見人の選挙権を奪う公職選挙法第一一条第一項第一号の違憲性を争う」『ノーマライゼーション』33（7）: 13-17.

戸波江二 2013「成年被後見人の選挙権制限の違憲性」『早稲田法学』88（4）: 1-29.

渡邉琢 2011『介助者たちは、どう生きていくのか――障害者の地域自立生活と介助という営み』生活書院

山本忠 2011「障害のある人の参政権保障と権利条約」井上英夫・川崎和代・藤本文朗・山本忠編『障害をもつ人々の社会参加と参政権』法律文化社: 162-177.

頼尊恒信・中田泰博 2018「選挙の投票行動における社会的障壁の一考察――特に書字困難性に着目して」障害学会第一五回大会（二〇一八年一一月一七日・一八日）〈http://www.arsvi.com/2010/20181117yt.htm〉

Young, Iris Marion. 2011 *Responsibility for Justice*, Oxford University Press.（=2014 岡野八代・池田直子訳『正義への責任』岩波書店）

終章

「社会モデル」を使いこなす

飯野由里子

1 本書の立場――「社会モデル」の要諦

「障害の社会モデル」のもと、障害をめぐるさまざまな問題を社会的なものとして理解し語ることが、これまで以上に可能になってきている。本書は、こうした変化を好意的に受け止めながらも、社会モデルの認知度の高まりとともに、誤解や誤用、いい加減な理解にもとづく主張やスローガンが散見されつつあることに懸念を抱いた三名の研究者によって執筆された。社会モデルの要諦はあくまでも「障害発生の認識論」にあるというのが、本書執筆者の共通理解である。

認識論とは、知の生産のあり方に関心を寄せる理論的な立場のことを指す。長い間、障害発生をめぐる知、つまり障害の原因をめぐる知は、個人の心身機能に着目する個人モデルの視点から生産されてきた。またそれゆえに、心身機能に関する専門家とされる医者や心理学者等が知の所有者として絶大な権力を有してきた。[1] こうした知の体系にゆさぶりをかけたのが、障害者運動とそれと密接な関係を持ちながら登場・発展した障害学（Disability Studies）である。そこでは、障害者が知の対象としてではなく知の生産者として位置づけられるとともに、障害を社会的・構造的に生じる問題として捉える社会モデルの視点が新たに提示された。「障害は社会によって生み出されている」という社会モデルの知は、ここから登場した。

本書では、社会モデルにおいて取り扱われてきた「社会」には「発生メカニズムの社会性」「解消手段の社会性」「解消責任の社会帰属」の三つの異なる位相が含まれる（序章）という認識のもと、社会モデルを使用する際にはそれぞれの水準の違いを意識する必要があること、その上で社会モデルにおいて最も重要なのは第一の位相（「発生メカニズムの社会性」）であることを主張してきた。ところが実際には、第二の位相（「解消手段の社会性」）や第三の位相（「解消責任の社会帰属」）のみをもって、特定の主張やスローガンを社会モデルだと主張する論者が少なくない。つまり、社会モデルにおいて最も重要であるはずの第一の位相への着目を欠いた主張やスローガンが、社会モデルとして流通しているのである。それらは大きく分けて以下三つの場面で見ることができる。

第一は、社会モデルを矮小化・歪曲化して捉えた上でなされる社会モデル批判の場面である。たとえば、社会モデルを「当事者運動」や「当事者主権」を通して社会環境を変化させる方法と限定的に捉えた上で、「それだけでは十分にすくい上げられない障害当事者がいる」という理由から、社会モデルに代わる枠組みを主張する熊谷の理論はその典型である（第1章）。社会モデルが身体障害を中心とする障害者運動の中で育まれてきた考え方であること、またそこで社会変革の視点が重視されてきたことは事実である。しかし、これらはいずれも社会モデルの用法をめぐる問題に過ぎない。これまでの用法において手薄だった問題に焦点をあてたいのであれば、社会モデルに代わる新たな枠組みを模索する前に、社会モデル（とりわけ第一の位相の検討）の徹底こそが求められる。

第二に指摘できるのは、社会モデルに則っているつもりで、実際には個人モデル的な知の再生産・強化がなされる場面である。第2章で取り上げたユニバーサルデザイン2020行動計画（以下、UD2020）では「心のバリアフリー」を構成する要素のひとつとして社会モデルが位置づけられ、「障害のある人への社会的障壁を取り除くのは社会の責務である」という考え方として紹介されていた。政府文書に社会モデルという用語が盛り込まれたことは、運動論の観点から評価されるべきである。しかしそこでの社会モデルの説明は、第二の位相（「社会的障壁」の除去）に触れてはいても、その発生メカニズムに関わる第一の位相をやや曖昧にしたまま、第三の位相（「社会の責務」）を強調した書きぶりになっている。実は、「社会的障壁を取り除くのは社会の責務」という主張は、発生メカニズムが個人モデル（「障害者が直面する障壁は、その人の心身状況により生じている」とする考え方）にもとづいたままでも成立し得てしまう。したがって、UD2020で示された説明は、社会モデルとしては不十分なものである。

このことは、第一の位相である発生メカニズムの社会性を徹底しない限り、個人モデル的な知が容易に滑り込んでくることを示唆している。実際、二〇一六年の障害者差別解消法により法制化が実現した合理的配慮は、社会モデルの視点をふまえて理解されるべきものであるにもかかわらず[2]、障害学生支援の現場等においてインペアメントの厳密な測定に人びとの関心を向けさせる等、個人モデル的な解釈枠組みを強化する事態を招いている（第4章、第5章）。この事実は、長年にわたり個人モデル的な認識論にもとづいて作り上げられ、蓄積されてきた制度・慣習・実践を、社会モデル的なそれにもとづいたものへと変容・転換させていくことの難しさを物語っている。

障害の発生メカニズムの社会性を徹底しない主張は、個人モデル的な知においてのみ見られるわけではない。同様の主張は、社会モデルが典型的に生み出してきた知においても見られる。これが第三の場面である。先に記したように、社会モデルは「障害は個人の心身機能によってではなく、社会によって生み出されている」という新しい知をもたらした。だが

「障害に関する新たな知は、障害者の生活や地位の向上に直接資するものであるべきだ」という運動論的・解放論的な観点からなされる要請は、障害者の社会参加を直接的に阻んでいる社会的障壁の特定とそれらの軽減・解消に結びつく一方で、新たな知を用いて検討する「社会」の範囲を限定的なものにとどめてきた側面がある。

マリア・バグースら（2019）は「障害者は強い社会モデルを必要としているか――人権の社会モデル?」と題した論考の中で、社会モデルにもとづく従来の議論を、（1）社会的障壁の除去や行動変容、必要となる配慮の内容に焦点を当てがちであること、（2）新自由主義とそれに伴う緊縮政策が障害者の権利全般に与えている負の影響を十分に考慮に入れていないことの二点において批判している。これは、社会モデルを用いた研究が、障害者の生活のしやすさにダイレクトに結びつくような改善や、多くの人にとって理解可能で即効性の高い変化を優先するあまり、多様化・複雑化する社会問題に十分にアプローチできていないことへの批判として読むことができる。本書の執筆者らもこうした問題意識を共有している。その上で、社会モデルが扱ってきた「社会」の範囲を批判的に検討し、「社会的なもの（the "social"）」の再解釈を通して、社会モデルを使ってアプローチする問題の範囲を広げていくことを提案している。

2 「社会」の過小性が生み出す問題

では、「社会」の範囲を過小に捉えることは、具体的にどのような問題を生じさせてしまうのだろうか。以下では、「発生メカニズムの社会性」の軽視に関わる問題と「発生メカニズムの社会性」を狭く捉えてしまうことに伴う問題の二つに分け、それぞれについて見ていこう。

(1)「発生メカニズムの社会性」の軽視に伴う問題

たとえば、街で困っている障害者を見かけても無視して通り過ぎる人が多いことは、解決された方がよい問題ではある。だがその際、「声かけ」や手助けに消極的・非協力的な人びとの態度のみを原因とみなしてしまうと、障害者に対するやさしさや思いやりを醸成しさえすれば、問題が解決できるかのような印象を強めてしまう。その結果、障害者を困らせるそもそもの原因となっている社会の作られ方、すなわち障害のない人たちの都合や利便性に合わせて社会の環境やルールを設計・設定してしまっているという事実から、都合よく目をそむけることができてしまう(第3章、第6章)。同様の問題は、社会的障壁の除去にあたり、障害者が自分のニーズを言えるようになることを重視したり前提したりする主張にも見られる。「障害者がどのようになれば（あるいは、周囲の人たちがどのようにすれば）ニーズを言えるようになる／言いやすくなるか」を考えるのは大切なことではある。だが、それだけでは、ニーズ表明が必要になっているそもそもの原因である社会構造の偏りを問題として認識し、その変更を促していくことはできない（第5章）。このことから、比較的誰の目にもわかりやすく見えやすい問題に焦点をあててしまうことは、その問題を生み出しているそもそもの原因を見えにくくさせ、根本的な解決を遅らせてしまう効果を有していると指摘できる。

（2）「発生メカニズムの社会性」の狭小化に伴う問題

「発生メカニズムの社会性」を狭く捉えてしまうことには、質の異なる二つの問題が含まれる。ひとつは、社会的な問題として把握される範囲が狭ければ狭いほど、社会的に変更できる箇所が量的に限られてしまうという問題である（第1章、第3章、第6章）。たとえば、バス停に到着したバスに乗ることができず、乗り口の手前で困っている車いすユーザを想像してみよう。この車いすユーザが直面している社会的障壁は何かと問うと、多くの人は、バスの乗り口にある大きな段差（ステップ）を指摘する。その上で、解決策としてノンステップバスへの変更を提案する。しかし、上記事例を生じさせる要因は他にもたくさんありうる。

たとえば、バスの運転手や乗客側の意識や理解に関わる問題、行政が提供する移動介助をめぐる問題、さらにはノンステップバスの普及に見られる地域格差の問題等である。バスに乗ることができないで困っている障害者が経験している社会的障壁は、社会の複数の位相において見出しうるにもかかわらず、バスの乗り口にある段差のみに焦点をあてることは、その他の問題に対する想像力を低下させ、思考停止を招く。

もうひとつの問題は、障害者への負荷が強まることにある。負担の生じ方には、大きくわけて二つのパターンがありうる。第一は、「発生メカニズムの社会性」が狭く捉えられることで、個人モデル的なものに回帰するというパターンである。たとえば綾屋の立論には、社会に対し変更を求める前に障害者の側が社会に最大限同化することを求めてしまう危険性があった（第1章）。同様に、「共生社会」をめぐる言説においては、それが「多様な個人の能力が発揮され」た「活力ある社会」と狭く捉えられた結果、個々が自身の能力や有用性を高める方向に強力な力が働いてしまうという懸念があった（第2章）。また、合理的配慮の法制化をめぐっては、障害者の側に「課題遂行能力」を高めること（第4章）や、自分のニーズを言えるようになること（第5章）を要求する力が働いていた。第二は、個人的な努力を要請することを正当化するというパターンである。たとえば「社会の側も努力しているのだから、個人の側も努力すべき」といったレトリックを通して、障害者の側にさらなる努力やコストを要請する力（第1章）は、その一例である。こうしたレトリックは、自助が強調される新自由主義的な現代社会においてこれまで以上に説得力をもってしまっている。だからこそ、それがもたらす負の効果に対し、警戒のアンテナを張っておく必要がある。

3 「社会的なもの」の範囲をめぐる政治

第2節で展開した批判に対しては、「より多くの人びとが除去することに同意しやすい社会的障壁から優先的に取り組むことで、社会的障壁を少しずつ減らしていくことが大切だ」と反論する人もいるだろう。確かに、社会的マイノリティである障害者の運動にとっては、その方が現実的で合理的な戦略にも思える。しかし、少し考えてみればわかるように、多くの人びとが同意できるということは、その戦略は障害者 - 非障害者間に存在し続ける不均衡な権力関係を大きく揺さぶるものではない可能性が高い。つまり、「より多くの人びとが除去することに同意してくれる」社会的障壁の除去は、マジョリティの側が無自覚的に（つまり、持っていることさえ知らずに）もつ特権を脅かさない範囲で社会を変更していくことに過ぎない。

したがって、この戦略をとる限り、本来問題にすべきマジョリティ - マイノリティ間の権力関係は不問に付されることになる。実際、過去や現在において存在する不均衡をふまえず、既存の社会状況を初期条件とした上で非障害者と障害者双方の歩み寄りを求めるレトリック（第1章）、あるいは非障害者を「助ける側」に障害者を「助けられる側」に振り分け、前者の優越性（と後者の劣位性）を際立たせるレトリック（第2章）によって、非障害者のマジョリティ性は温存されてきた。マジョリティ－マイノリティ間の不均衡な関係性を問題化しない限り、マジョリティが有する特権、すなわち「その集団の一員であるというだけで、労せずして得られる優位性・恩恵」（Goodman 2011=2017: 26）は維持される。その結果、マジョリティの都合や利便性に合わせて設計・設定されている社会の環境・制度・ルール・慣行が当然視されやすくなる反面、それらがマイノリティ集団には社会的障壁として経験されうるという事実が認識されにくくなる。特定のルール・慣行が社会のヘゲモニーを獲得していればいるほど、それらの柔軟な変更を求めるタイプの合理的配慮が理解されにくく得られにくいのはこのためである（第6章）。

ここから示唆されるのは、「何を社会的な問題とみなすのか」をめぐる決定に、マジョリティ－マイノリティの権力関係が影響を与えているということである。社会モデルによって指摘された「障害を生み出す社会」とは、こうした権力関係を構造化するとともに、権力関係に貫かれた社会実践を通して日々構造化される「社会」のことを指す。「障害を生み出す社会」を変更していくためには、マジョリティ－マイノリティの権力関係を変更することが不可欠である。したがって、社会モデルの第一の位相である「発生メカニズムの社会性」には、障害者－非障害者間に存在する既存の権力関係を問題化する視点が必然的に含まれていなければならない。

もちろん、マジョリティ－マイノリティの非対称な権力関係は、障害者－非障害者間においてのみ存在しているわけではない。それは、障害の種別や程度、ジェンダーや階級、人種・エスニシティ、セクシュアリティ等を軸とした異なりの中に、複雑かつ多様に存在している。このため、当然のことながら、障害者間にも非対称な権力関係が存在する。たとえば、自らを変えることを重要なモメントとする当事者研究によって解放される障害者もいれば、そうではない障害者もいる（第1章）。「共生社会」の実現との関連で強まる「能力発揮」をめぐる言説によって、有利な社会的位置に上昇できる障害者もいれば、そうでない障害者もいる（第2章）。性の権利を主張する際、それを「ホットでセクシーであることができる権利」から始められる障害者もいれば、そうでない障害者もいる（第3章）。パラリンピック競技で採用されるクラシフィケーションによって、健常な身体に近いとされ価値が引き上げられる身体と、健常な身体から遠いがゆえに価値を引き下げられる身体がある。これらの違いが、障害者として括られるカテゴリーの内部にマジョリティ－マイノリティの境界線を生み出し、後者に振り分けられる人びとの脆弱性を高める。したがって、障害者－非障害者間の格差にのみ目を向けることは、「社会」を過小に捉える実践につながるだけではない。それは、より脆弱な立場に置かれている障害者に対してもたらされるより苛烈な結果を無視し放置することにもつながる。

さて、本書はここまで既存の社会モデル理解において捉えられている社会の範囲があまりにも狭すぎることを問題視するため、社会をより広く捉えるべきだという主張を強調してきた。だが、当然のことながら、社会を広く捉えればそれですむ、というわけではない。むしろ、社会を過剰に捉えることが、マイノリティの脆弱性を高めてしまうケースもある。たとえば、社会モデルに内在する「社会」の第二、第三の位相である社会的障壁の解消手段ないし解消責任の位相において「社会」を過大に捉え、「社会が生み出している障壁なのだから、社会が解決すべきだ」と大雑把に主張することは、社会的障壁を解消する責任主体をあいまいにするため、問題解決を遅らせ、マジョリティが自らの特権性を内省する機会を十分に生み出せない可能性がある。また、社会を広げていく時、どの方向に広げていくのかという論点もある。たとえば、「すべての人が能力を発揮できる社会」のように、個人の力能を引き出す方向へ「社会」を広げていくことは、マジョリティの特権性を弱める方向にではなく、マジョリティに合わせて設定されたメインストリームにマイノリティを同化させる方向に力が働く可能性が高いため、社会モデルとは呼べない。

このように、「社会」が過小に捉えられている場合であれ過剰に捉えられている場合であれ、「社会的なもの」の範囲の決定に、マイノリティ－マジョリティの権力関係が影響を与えている。そして多くの場合、マジョリティの側に大きな不都合や変更を生じさせない形で、あるいはマジョリティに利する形で、問題化し働きかけるべき「社会」の範囲が恣意的に決定されている。だが、「社会」をどう捉えるのかによって、見えてくる問題は異なってくるという点をふまえると、果たしていまの「社会」の捉え方でよいのかという問いが出てくる。社会モデルが問題にしてきたのは、マジョリティ－マイノリティの非対称な関係性により、偏った形で作り出されてきた社会の仕組みである。であるならば、社会モデルを使う際には、そうした社会の仕組みを発見し続けていくために、「社会」のどの部分、どの水準に焦点をあてればよいのかがもっと意識されなければならない。この「社会」の捉え方は、問題化したい事柄や現象に応じたものになっているだろうか。この「社会」の捉え方によって、後景化される問題や免責化される主体は生じないだろうか。こうした問いに注意を払いながら、「社会」の捉え方を見直し変更していく必要がある、というのが本書のメッセージである。

4 マジョリティ性の壁を崩す

ここまで述べてきたことをふまえ、本書の社会モデル理解をまとめよう。すると、それはマジョリティとマイノリティの間に存在する不均衡な権力関係を通して、マイノリティの側に課される不利益を、社会的な問題として焦点化するためのフレームワークだということができる。社会モデルを通して発見できるのは、マジョリティを中心に社会を設計してしまうとマイノリティの側に不利益が生じるという偏りをもった構造である。こうした構造のことを、ここでは「マジョリティ性の壁」と呼ぼう。

すると、マジョリティ性の壁を発見しようとしてきたのは、なにも障害学だけではない、ということがわかる。障害学の隣接領域として位置づけられるフェミニズム研究やクィア研究、エスニシティ研究等は、社会モデルや社会的障壁という用語を用いてはこなかったが、男性と女性の間、異性愛を実践する人たちとそうでない人たちの間、シスジェンダーの人たちとそうでない人たちの間、日本人と外国人・在日外国人の間等のマジョリティ - マイノリティ関係において立ち現れるマジョリティ性の壁の正体を突き止め、それぞれに男性中心主義、家父長制、ヘテロノーマティヴィティ（異性愛規範）、シスジェンダー規範、日本人・日本語中心主義等の呼び名を与えてきた。これら概念はいずれも、マジョリティ性・マイノリティ性を、集合的な社会カテゴリーに応じて自動的に振り分けられるものとしてではなく、特定の規範や社会的望ましさとの関係において現れるものとして捉えている。こうした理解は、マジョリティ－マイノリティ間に生じる問題を、異なる集団間のコンフリクトとしてではなく、社会の作られ方に関わるものとして捉えようとする社会モデルとも整合的である。

では、これらさまざまなマジョリティ性の壁を崩していくためには、どの様な点に留意する必要があるだろうか。まず、マジョリティ性の壁は、マイノリティの社会的位置からはとてもよく見えるが、マジョリティの社会的位置からはその存在が見えにくいこと、また、たとえ見えたとしてもその大きさや効果が、マジョリティのものさしでは過小に見積もられやすい、という点が指摘できる。このため、現に大きな偏りが存在していても、マジョリティの側は「その差は、個人の努力や能力の差にすぎない」と都合よく解釈していたり、「完璧な平等などあり得ないのだから仕方がない」といった言い分によって許容していたりする。さらに厄介なことに、マジョリティの位置からは、マジョリティ性の壁を崩すための取り組みがひどく不公平なものに見えてしまうことがある。たとえば、女性やエスニック・マイノリティ等に対して採られるポジティブ・アクション（積極的差別是正措置）に対し「逆差別ではないか」「マイノリティへの優遇ではないか」と感じてしまうのは、あるいは「ヘイトスピーチ規制法」[3]に対し「日本や日本人を批判する言動も『日本人へのヘイトスピーチ』として平等に規制すべきだ。そうしないのは日本人への差別だ」と主張するのは、その典型である[4]。

こうした問題に対処しながらマジョリティ性の壁を崩していくためには、偏りを生み出している既存の社会構造の仕組みを適切に描き出していく必要がある。壁を崩していくために、まずはその壁について分析せよ、ということだ。マジョリティ性の壁は歴史的に時間をかけて作り出されたものであることが多く、その分、その存在が当然視されてきた期間も長い。このため、その影響の大きさや強度、根深さを把握する作業は容易ではない。だからこそ、アカデミアが果たす役割も未だ大きいといえる。その際、発生メカニズムの社会性に第一義的な焦点をあてる社会モデルは有用である。社会モデルは当初、障害者が自分たちの直面している不利益の原因の社会性を明らかにするための道具立てとして生み出された。だがそれは、さまざまなマジョリティ性の壁によって偏ってしまった現在の「社会」の姿を明らかにし、問題化しようとするすべての者にとって有用な道具立てにもなりうる。その可能性にかけ、社会モデルをいま一度鍛えなおし、使っていこうという実践に一人でも多くの人が参加してくれることを期待したい。本書がそのきっかけを提供できたなら幸いである。

■注

1　フェミニスト哲学者のサンドラ・ハーディングは、認識論を「だれが知を所有する者となりうるか」（Harding ed. 1987）という問題だと述べる。つまり、認識論とは、誰が正当とされる知の生産者にふさわしい者として認められるかという問題を解くことと関係している。

2　障害者差別解消法のガイドラインにあたる基本方針には、「合理的配慮は、障害者が受ける制限は、障害のみに起因するものではなく、社会における様々な障壁と相対することによって生ずるものとのいわゆる「社会モデル」の考え方を踏まえたものであり」（基本方針３（1）ア）と記されている。

3　二〇一六年六月施行。正式名称は「本邦外出身者に対する不当な差別的言動の解消に向けた取組の推進に関する法律（平成二八年法律第六八号）」

なお、日本でヘイトスピーチが大きな問題になったきっかけは、京都朝鮮学校襲撃事件である。これは、二〇〇九年一二月から二〇一〇年にかけて、京都市にある京都朝鮮第一初級学校が在特会（在日特権を許さない市民の会）によって三度にわたる襲撃を受けた事件のことを指す。この事件で、京都地裁・大阪高裁・最高裁はいずれも在特会に対し損害賠償を命じる判決を下した。これらの判決は人種差別撤廃条約適用を民法不法行為の解釈問題として提示し、その後のヘイトスピーチの法制化に道を開いたと言われている。また、京都朝鮮学校襲撃事件の他、二〇一三年二月に東京都大久保で行われたヘイトスピーチ街宣や二〇一五年一一月に川崎市桜本で行われたヘイトデモなども記憶に新しい。

4　同様の問題は、二〇一八年七月、お茶の水女子大学がトランスジェンダーの学生を受け入れると発表したことをきっかけにふき出したトランス女性に対する差別的・排除的な言動においても見られた（アジア女性資料センター 2019）。

■文献

アジア女性資料センター 2019『女たちの 21 世紀　no. 98　特集　フェミニズムとトランス排除』夜光社

Maria Berghs, Karl Atkin, Chris Hatton & Carol Thomas. 2019 "Do disabled people need a stronger social model: a social model of human rights?," *Disability & Society*, 34:7-8,1034-1039.

Goodman, Diana J. 2011 *Promoting Diversity and Social Justice*, New York: Routledge.（=グッドマン、ダイアン 2017『真のダイバーシティをめざして――特権に無自覚なマジョリティのための社会的公正教育』上智大学出版（出口真紀子監訳、田辺希久子訳）

Harding, Sandra. 1987 'Introduction,' in Harding, Sandra. Ed., *Feminism and Methodology*, Bloomington and Indiana: Indiana University Press.

おわりに

私たちが本書でめざしたのは、「障害の社会モデル」が本来持っている分析力を確認し、そこから開かれる学問的・実践的な視界を読者のみなさんに届けることである。社会モデルの考え方がさまざまな領域に普及・定着することによって、むしろその分析力が拡散し、減退していくとしたら、それは皮肉な事態である。こうしたパラドックスに直面している現在、社会モデルの主張がクリティカルであるのはいかなる意味においてなのか、しっかりと確認しておく必要があった。

よって、本書の宛先としてまず想定しているのは、障害学やその隣接領域の研究者であり、社会モデルにもとづく教育や支援、運動や施策等の関係者である。障害者の社会参加や障害差別の解消を志向しているはずの研究や実践が、意図せざる効果として、個人モデルの温存や障害者個人の負担の強化を引き起こしてはいないか。社会モデルがそれ自体持っているポテンシャルを十分に理解することで、そうした陥穽を回避し、もっと有効に活用していくことができるのではないか。本書が提起したこうした問いを読者のみなさんと共有することができれば、私たちにとってこれほどうれしいことはない。

従来の社会モデル理解について本書を通じて指摘してきた課題は、障害問題に限らず、ある事柄を「社会的なもの」として定義し、問題化していこうとするふるまいにも同様に当てはまる。タイトルに掲げた『「社会」を扱う新たなモード』は、この本が持つこうした射程の広がりを提示しようとしたものである。本書が「社会的なもの」をめぐる線引きの問題に着目しているのは、私たち三人の思想的なバックボーン（の少なくとも一部）がフェミニズムであることと関係している。フェミニズムにおいて、公/私区分への批判は基本的なテーマである。公私の領域の編成はジェンダーの非対称な配置と不可分に対応しており、公/私区分をそのままにしてジェンダーの配置を変えることは不可能だからである。つまり、フェミニズムにとって公/私区分の問題とは境界設定の問題であり、その線引きに働く力こそが政治的な権力であると考えるフェミニストたちは、境界設定を当然視する権力に異議申し立てをしてきた。こうした議論に慣れ親しんできた私たちが、既存の社会モデル理解において捉えられている「社会」の範囲に疑問を抱いたのはいわば必然であった。

「社会」の範囲の決定に注意を払わなければならないという本書のメッセージは、マジョリティの特権を可視化させ、問題化していこうとする点で、ジェンダー/フェミニズム研究やエスニシティ研究等と密接な関係にある。しかし、これまで私たちを含む障害学の研究者がこれらの領域の蓄積から多くを学んできたことに比べると、障害学の知が持つ広大な可能性はほとんど注目されていない。よって本書は、「マジョリティ性の壁」のありようを見定め、それを突き崩すという共通の課題を背負う他の領域の研究者や関係者も読み手として想定している。本書が一人でも多くの読者にとって、障害学という豊かな知的領域への理解を深めるきっかけになれば幸いである。

オリンピック・パラリンピック東京大会に関係する論考が含まれていることもあり、本書は当初、二〇二〇年春の出版を予定していた。実際には、一年延期されたオリパラよりもだいぶ遅れての完成となってしまった。遅筆なメンバーもいたなかで、何度となく励まし、完成までサポートし続けてくださった生活書院の髙橋淳さんに心からお礼を申し上げたい。社会モデルに立脚して進められている支援や運動等に、ある意味で水を差すことにもなりかねない本書の企画をお伝えした際、髙橋さんは慎重に、しかし力強く私たちの背中を押してくださった。本書が従来の社会モデル理解をアップデートしつつ、「社会」を扱う新たなモードを提案するものに仕上がっているとしたら、それはあのときの髙橋さんの言葉のおかげである。本当にありがとうございました。

二〇二一年三月

西倉実季

◉本書のテキストデータを提供いたします

本書をご購入いただいた方のうち、視覚障害、肢体不自由などの理由で書字へのアクセスが困難な方に本書のテキストデータを提供いたします。希望される方は、以下の方法にしたがってお申し込みください。

◎データの提供形式：CD-R、メールによるファイル添付（メールアドレスをお知らせください）

◎データの提供形式・お名前・ご住所を明記した用紙、返信用封筒、下の引換券（コピー不可）および200円切手（メールによるファイル添付をご希望の場合不要）を同封のうえ弊社までお送りください。

◉本書内容の複製は点訳・音訳データなど視覚障害の方のための利用に限り認めます。内容の改変や流用、転載、その他営利を目的とした利用はお断りします。

◎あて先：
〒160-0008
東京都新宿区四谷三栄町6-5 木原ビル303
生活書院編集部　テキストデータ係

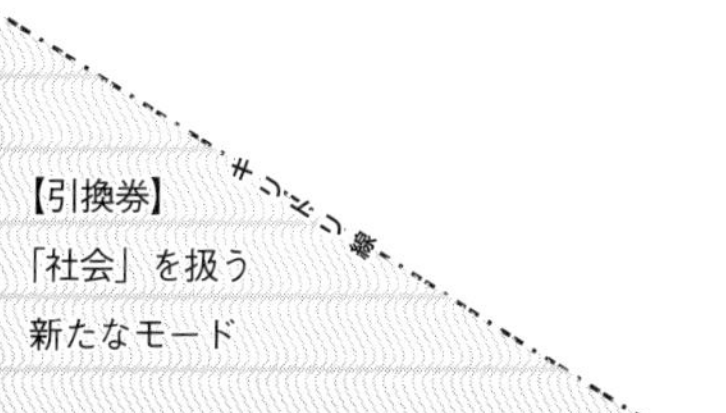

著者紹介

飯野由里子（いいの・ゆりこ）

1973年生まれ。

城西国際大学大学院人文科学研究科博士後期課程修了。博士（比較文化）。

現在、東京大学大学院教育学研究科附属バリアフリー教育開発研究センター教員。

著書・論文に、

『合理的配慮――対話を開く　対話が拓く』（共著、有斐閣、2016年）、「『思いやり』を超えて――合理的配慮に関わるコンプライアンスの新たな理解」（『現代思想』No. 47-13: 153-162、2019年）、「『困らせている』社会を変える――障害者差別解消法が求めているもの」（『世界』900: 188-195、2017年）、『レズビアンである〈わたしたち〉のストーリー』（生活書院、2008年）など。

星加良司（ほしか・りょうじ）

1975年生まれ。

東京大学大学院人文社会系研究科博士後期課程修了。博士（社会学）。

現在、東京大学大学院教育学研究科附属バリアフリー教育開発研究センター教員。

著書・論文に、

『合理的配慮――対話を開く　対話が拓く』（共著、有斐閣、2016年）、「バリアフリー教育を授業に取り入れる」『カリキュラム・イノベーション――新しい学びの創造へ向けて』（東京大学出版会：249-262、2015年）、『障害とは何か――ディスアビリティの社会理論に向けて』（生活書院、2007年）など。

西倉実季（にしくら・みき）

1976年生まれ。

お茶の水女子大学大学院人間文化研究科博士後期課程修了。博士（社会科学）。

現在、東京理科大学教養教育研究院教員。

著書・論文に、

「『統合』『異化』の再検討――容貌障害の経験をもとに」（『障害学研究』13: 56-72、2018年）、『障害を問い直す』（共著、東洋経済新報社、2011年）、『顔にあざのある女性たち――「問題経験の語り」の社会学』（生活書院、2009年）など。

「社会」を扱う新たなモード
――「障害の社会モデル」の使い方

発　行――――　2022年6月25日　初版第一刷発行
2023年5月31日　初版第三刷発行
著　者――――　飯野由里子・星加良司・西倉実季
発行者――――　髙橋　淳
発行所――――　株式会社　生活書院
〒160-0008
東京都新宿区四谷三栄町6-5 木原ビル303
TEL 03-3226-1203
FAX 03-3226-1204
振替 00170-0-649766
http://www.seikatsushoin.com
印刷・製本――　株式会社シナノ

ISBN 978-4-86500-142-6
定価はカバーに表示してあります。
乱丁・落丁本はお取り替えいたします。